聪明人每天都要玩的
侦探推理游戏

刘奕达◎编著

★★★★★

中国纺织出版社

内 容 提 要

思维能力是智力中的核心能力，它是可以通过后天学习得到培养和提升的。本书专门为希望更聪明的你所设计，书中有最具挑战性和充满智慧的侦探推理游戏，它们能激发你大脑的潜力，扩展你的想象空间，开发你的逻辑潜能，让你轻轻松松，越玩越聪明！

快来挑战自己的智商吧，看看你到底有多聪明！

图书在版编目（CIP）数据

聪明人每天都要玩的侦探推理游戏 / 刘奕达编著 .— 北京 ：中国纺织出版社，2014.6

ISBN 978-7-5180-0308-2

Ⅰ. ①聪… Ⅱ. ①刘… Ⅲ. ①智力游戏 Ⅳ. ①G898.2

中国版本图书馆CIP数据核字（2014）第073309号

策划编辑：徐丽丽　　责任编辑：宋蕊　　责任印制：储志伟

中国纺织出版社出版发行

地址：北京市朝阳区百子湾东里A407号楼　邮政编码：100124

邮购电话：010—87155894　传真：010—87155801

http://www.c-textilep.com

E-mail:faxing@c-textilep.com

官方微博http://weibo.com/2119887771

北京佳诚信缘彩印有限公司印刷　各地新华书店经销

2014年6月第1版第1次印刷

开本：710×1000　1/16　印张：16

字数：159千字　定价：32.00元

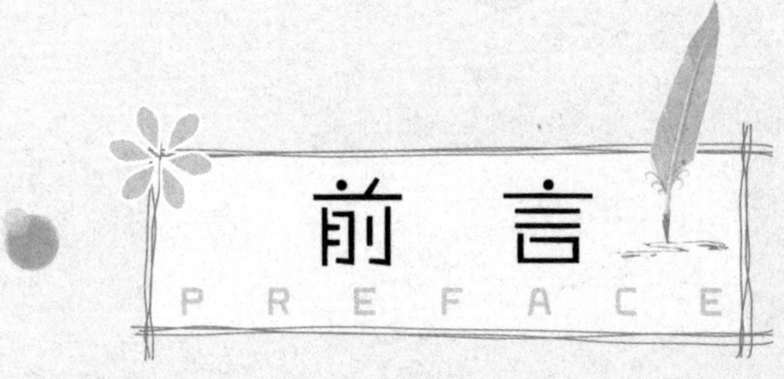

前言

PREFACE

智力是人认识、适应和改变客观世界时所表现出来的认知能力，它包括感知力、观察力、注意力、记忆力、想象力和思维力等。其中，思维力是智力的核心，是一个人智力发展的重要标志。

在现代社会生活、社会生产和科学技术发展中，人的智力因素日益受到重视。研究表明，人脑的智力功能尚具有巨大潜能，而这种潜能是可以通过训练，尤其是思维训练得到充分发展的。

常规的思维训练包括形象思维训练、抽象思维训练、想象思维训练、推理思维训练等。在众多的启发思维的训练中，侦探推理游戏作为一种具有高度刺激性和挑战性的思维游戏，无疑更受人们的青睐。

本书精选了上百道侦探推理游戏题，要想攻克这些游戏题，需要犀利的观察力，敏锐的“嗅觉”，大胆的假设，丰富的知识以及严谨的分析。相信这样的一本书能让你在享受侦探游戏带给你刺激的同时，也能活跃你的思维，最大限度地激发你的潜能，提高你的智力。

编　者

2014 年 5 月

目录

第一章　密语疑云

第二章　凶案现场

第三章　蛛丝马迹

第四章 鱼目混珠

第五章　匪夷所思

第一章

密语疑云

1. 真正的车号

一天早晨，在快速车道上发生了一起车祸。一名小学生被一辆超速行驶的汽车撞得在空中翻了个圈，司机却在肇事后马上加速逃走了。当交警赶来扶起那名小学生，却发现他竟然没有受伤，而且还能非常清楚地说出肇事车辆的车号是：8619。

警方立即对这辆车展开调查，但逮捕肇事者后，却发现这个车牌号码的汽车确实有不在场的证明，肇事车不是这一辆。你知道肇事后逃走的那辆汽车的车号究竟是多少吗?

2. 密码锁上的奥秘

一个小偷想到亿万富翁的家中偷钱，于是向师傅请教了打开保险柜的办法。师傅告诉他说："在开保险柜之前，首先要转动密码锁里圈的数字盘，只有当里圈的数字与外圈的数字相加，每组数字之和都相同的时候，保险柜的门才会打开。"

在一个漆黑的夜晚，小偷溜进了富翁的家。但是当他面对保险柜的数字盘时，越算越糊涂，直到被人发现也没算明白。在警察赶到以后，小偷拒不承认自己是来偷窃的。他的理由就是他什么也没偷，而且说这个保险柜根本打不开。

保险柜密码锁里圈数字盘上的数字依次是3、7、12、8、10、9、6、

5，外圈数字盘上的数字依次是5、3、4、7、8、10、6、1。你能说出当外圈的5和内圈的哪个数字对在一起时，里面的每组数字之和才能都相同吗？

3. 数字与绑匪

这天傍晚，比利夫人在妹妹家里刚住了一天，管家就打电话让她赶快回去。她刚进家门，电话就响了。听筒内传来一个陌生男人的声音："你丈夫比利现在在我们手里。如果你希望他继续活下去，就赶快准备40万美元，如果你要报警，可别怪我们对比利不客气！"比利夫人听罢，险些瘫坐在地上。她思来想去琢磨了一整夜，觉得还是应该去报警。

波特警长接到电话后，立即驾车来到比利的别墅。首先，他去询问管家。管家说："昨天晚上来了个戴墨镜的客人，他的帽檐压得很低，我没看清楚他的脸。看样子他和先生很熟，他一进来，先生就把他领进了书房。过了一个小时，我见书房里毫无动静，就推门进去，谁知屋里空无一人，窗子是开着的，于是我就给夫人打了电话。"

波特走进书房查看，没有发现什么线索。他又看了看窗外，只见泥地上有两行脚印，从窗台下一直延伸到别墅的后门外。看来，绑匪是逼迫比利从后门走出去的，波特又转回身仔细看了看书房，发现书桌的台历上写着一串数字：7891011。波特警长想了想，问比利夫人："你丈夫有个叫JASON的朋友吗？"她点了点头，波特说："我想他就是绑匪。"果然，波特从JASON家的地窖里救出了比利，JASON因此锒铛入狱。你知道波特警长为什么根据那串数字就能断定JASON是绑匪吗？

4. 准确的时间

一天夜里，某小区发生了一起枪击事件，小区里的人都被吵醒了，只有4个人在醒来的第一时间看了表，他们分别是甲、乙、丙、丁。著名的查尔斯侦探正好住在这个小区的附近，他得知此案发生后，急忙赶到了现场。在侦察了现场之后，他找到了这4个看了表的人，并询问了他们。这4个人对于疑犯何时作案的时间，分别作了如下回答。

甲：“我听到枪声时是12点零8分。”

乙：“不会吧，应该是11点40分。”

丙：“我记得是12点15分。”

丁：“我的表是11点53分。”

作案的时间如此不一吗？其实，这是因为他们的手表都不准。一个人的手表慢25分钟，一个人的手表快10分钟，还有一个快3分钟，最后一个慢12分钟。

请问，如何通过这4个不准确的时间来确定准确的作案时间呢？

5. 非法印书

警方查获了一家非法地下印刷厂。但非法印刷的一种书已经被罪犯抢先运走了，现场只留下了罪犯匆忙间没有带走的排印书上页码用的全部铅字，共计2775个。警长根据这些铅字数码，马上算出了这本非法印制书的总页码。

你知道他是怎样推算的吗？总页码数到底是多少呢？

6. 破译电文

S市公安局截获了一份神秘的电文：“朝：货已办妥，火车站交接”。经过周密分析，公安局认定这是一伙犯罪分子在进行一项秘密交易。

局长立即召开会议，决定抓获这批犯罪分子。可是这份电文只有接货地址，没有接货的具体时间，这使破案无从着手。这时，侦察员老王沉思片刻后，向大家说出了罪犯的接货时间。根据老王的判断，警方果然在这一天抓获了一个大走私集团。那么你知道老王是怎么破译这份电文的吗？

7. 电话报信

挪威正在缉拿一伙在逃的走私犯。这天，警探理查德来到黑塔旅馆。他发现这家旅馆老板的朋友们正是被通缉的走私犯。由于这些人不知道理查德的警探身份，因此都没有注意他。

为了抓住这些家伙，理查德用电话通知了警局。机智的理查德假装和自己的女友通电话，他对着电话说道：“亲爱的琼，我是理查德，昨晚不舒服，没有陪你去酒吧，现在我好些了，全亏黑塔旅馆老板上次送的药。亲爱的，不要和目标生气，我们会永远在一起的。请原谅我的失约，我们不是很快就要结婚了吗？今晚我会赶来你家，再次向你道歉，亲爱的，再见!”走私犯们听到理查德的这番情话都笑了起来，并没产生任何怀疑。但是10分钟后，警局的警员们因为接到的这个电话，突然出现在黑塔旅馆，将走私犯全部抓获。你知道理查德是如何通过这通电话向自己的警员同事报信的吗？

8. 馅饼提示

一天，法国数学家格洛阿去找一个名叫鲁格的朋友。鲁格住在一幢4层楼的公寓里，他的房间是2楼9室。可是格洛阿进到鲁格的房间却发现房间里空荡荡的，什么都没有。询问了房东之后，他才吃惊地发现鲁格已被人杀死了，他父母刚寄来的钱也被偷走了。房东断定犯人就在这幢公寓里。但是公寓有几十个房间，上百个人，如何才能尽快找到凶手呢？房东说，鲁格与他是同乡，他每次做馅饼时，总要分一点给鲁格。出事的前夜，房东又给了他一块苹果馅饼，这使鲁格很高兴。可令人迷惑不解的是，鲁格就是握着那块饼死去的。请问凶手到底是哪个房间里的人呢？

9. 绞死或者砍头

古希腊有一批囚徒即将被处以死刑。由于当时的娱乐方式特别少，国王和贵族们常常把杀人当做一种游戏。这一次，国王想换种方式杀了这批囚犯，一个贵族建议道："我们让囚徒们各说一句话，如果说的是真话，我们就绞死他；如果说的是假话，就砍下他的头，如何？"国王觉得这个建议很有趣，便采纳了这个贵族的建议。结果，这批囚徒要么因为说了真话而被绞死；要么因为说了假话而被砍头，或者因为说了一句不能检验真假的话，而被看做是说了假话砍了头；又或者因为讲不出话来被当成说了真话而被绞死。

国王看到囚徒们就这样一个个被处死，开心得不得了。轮到一个名叫门拉的囚犯时，他看到国王这样践踏人的生命，十分气愤，于是对着国王说了这样一句话，使得国王既不能砍他的头，又不能将他绞死，最后贵族们没有一个人想出用什么方法能将他处以死刑的，于是国王只好懊恼地将他释放了。你知道门拉说的是一句什么话吗？

10. 谁是匪首

“砰——”的一声枪响，打破了边境清晨的宁静，在国境线边上的小村寨里，男女老少奔跑着、惊叫着：“土匪来啦！快逃命啊！”

这个边境线旁的小村寨交通非常不方便，村民的生活很艰苦，最让人感到恐怖的是，边境线的对面有一帮土匪经常来村里抢劫，吃饱喝足了，临走的时候还要带走鸡、鸭、鹅、羊，村中哪个村民敢反抗，就会遭到土匪的毒打甚至枪杀。等到边防警察局接到报警，要走很长的山路才能赶到，这时候土匪已经逃走了。

为了把土匪一网打尽，克莱尔探长带领部下，忍受着寒冷和虫咬，埋伏在附近的山洞里。整整半个月过去了，土匪没有一点儿动静。有的警员说：“也许土匪知道我们埋伏了，不会来了吧？”探长说：“马上要到圣诞节了，土匪一定会来抢些东西回去过节的！”

果然，就在圣诞节早上，土匪又来了。边防警察迅速出击消灭了几个土匪，其余的都乖乖举手投降了。克莱尔探长早就听说这帮土匪的头目心狠手辣，杀害了不少人，得先把他抓住。他来到俘虏群前，看到土匪们都穿着一样的军服，谁是土匪头子呢？

克莱尔探长问：“谁是带队的？”土匪们都低着头，一声不吭。探长知道，土匪头子一定混在当中，所以土匪们都怕他，不敢说话。克莱尔探长想了想，突然大声问了一句话，话音刚落，他就知道谁是土匪头子了。聪明的克莱尔探长问了一句什么话呢？

11. 口红暗号

英国一名私家女侦探来到泰国调查一起黑帮凶杀案时，在她所住的富豪饭店被枪杀。附近警长接到通知后带领助手赶到现场，探长发现女侦探倒在窗前，胸部中了两枪，手里紧握着一支口红。警长撩起窗帘一看，只见玻璃上留着一行用口红写下的数字：809。接着，探长又从女侦探的女式提包中找出一张被卷得很紧的小纸条，纸条上写着："已查到三名嫌疑犯，其中一人是凶手。这三人是：代号 608的光，代号906的岛，代号806的刚。"警长沉思片刻，指着纸条上的一个人说："凶手就是他！"根据警长的推断，警方很快将凶手缉拿归案。你认为凶手是谁？为什么？

12. 暗示

一个寡妇死在自己的梳妆台前，现场几乎没有留下任何线索。两个身在现场的警长正议论着这起棘手的案件。

警长A："你注意到了吗？死者手里抓着一串珍珠项链。"

警长B："受害人死在梳妆台前，说明她应该是在化妆时被害的。这串项链大概是她还没来得及戴上。"

警长A："不可能。你看，死者脖子上不是戴着项链吗？"

警长B："会不会凶手也是个女人？这是她在和凶手抗争时揪下的项链？"

警长A：“如果是这样。珍珠项链应该会散落一地，应该是受害人故意想给我们留下什么线索吧。”

警长B：“线索？刚才邻居们反映，受害者生前信佛讲道，接触的不是和尚就是算卦的……”

警长A：“我知道凶手是什么人了！”

你也知道了吗？

13. 破译密语

国家安全局截获了某走私集团的一份情报，情报是采用密语来写的：“昼夜不分开，二人一起来，往街各一半，一直去力在。”工作人员经过研究，很快破译了这道密语，并连夜出动警力，一举破获了这个走私集团。你能破译出这道密语吗？

14. 间谍之死

罗马的一个双重间谍R被人杀害了。临死前，他用自己的鲜血写下了一个字母“X”。据分析，A间谍NW12号，L间谍UP3号，B间谍WY7号都有可能是杀害他的凶手。根据R留下的线索，你认为这个杀害他的间谍会是谁呢？

15. 肇事车辆

在一个十字路口，一辆小车闯红灯时撞倒了一位路人后逃逸了。交警闻讯赶来，将受伤的路人安排送至医院后，便向周围的目击者们了解起肇事车辆的情况来。

一个目击者说："我看到肇事车辆的车牌号的最后两位数字是相同的。"

另一个目击者说："车牌号的前面两位数字也是一样的。"

第三个目击者说："那号码是个四位数，是个完全平方数。"

尽管没有一个目击证人把肇事车辆的车牌号准确地说出来，但聪明的交警根据以上三个目击者提供的线索，很快就知道了那辆肇事车的车牌号。你知道了吗？

16. 喊话

警长特鲁华和警员一起在街上追赶抢劫犯，眼看就要抓住罪犯了，罪犯却突然一拐弯，跑进了一家蜡像馆里。特鲁华知道要想从众多栩栩如生的蜡像中找到罪犯并不是件容易的事，他沉思了几秒后，走到蜡像前面，故意大声对随同的警员喊了一句话。话音刚落，他就看到一个蜡像突然迅速地用袖子擦了一下脸，于是警员们立刻冲过去把罪犯抓住了。

你知道警长特鲁华喊了一句什么话就让罪犯马上露馅了吗？

17. 芝加哥劫匪

一个劫匪在芝加哥实施了银行抢劫后，驾车向东逃往纽约城。他在进入纽约市区后，遇到警方的检查岗。由于之前芝加哥警方已将劫匪的资料发送给了纽约警方，检查岗的警员认为眼前的这个人有重大嫌疑，为了进一步弄清情况，警员假装随意地问了一句："现在几点了？"劫匪看了看自己的手表后告诉警员："现在10点半了。"警员听到他的回答后立即将劫匪扣住。请问：警员是根据什么来断定眼前的这个人就是劫匪的？

18. 床下的秘密通道

这天，晓明到钢琴家蒋先生的寓所去送画，只见蒋先生家的大门敞开着，就在他走进大厅时，突然听见卧室里传来痛苦的呻吟声，他赶紧冲进去一看，不由大吃一惊，原来蒋先生负伤倒在了地上，环顾四周，却没有发现凶手的踪影。

看到这种景象，晓明一时间手足无措，蒋先生看到晓明后，用手指着床边，忍痛发出微弱的声音："秘密……地道，逃走了……"说着，用手指向床底。这时，晓明发现地上有一块板子，大概人就是从这儿逃走的吧。晓明想要掀开板子，但是使尽全身力气还是打不开。

"掀板……开关，米……勒……"蒋先生说到这儿就断气了。"开关……米勒"这是什么意思呢？就在这时，他看见床边蒋先生的钢琴，突然灵机一动："啊哈！原来是这样。"很快，晓明就找到了打开秘密地道的开关，进去后他发现，这条密道一直通向后巷的下水道，凶手大概就是顺着下水道逃得无影无踪的。那么，你知道晓明是从哪儿找到这条秘密地道的开关的吗？

19. 扑克牌线索

一天早上，独居的扑克占卜师W被发现死在自己的家中，他的后背被人用刀刺中。据现场调查推测，W的死亡时间大约是在前一天晚上9点左右。警方发现，散落一地的扑克牌中，有一张牌被W紧紧握在手中，这张牌是方块Q。警长推断，这大概是W留下的线索。不久，警方经过一系列追踪调查，锁定了三名嫌疑人，这三个人的职业分别是相扑运动员、医院院长和歌舞剧女演员。你能否依据W留下的线索找到真凶呢？

20. 纸条上的秘密

警方一举歼灭了一个贩毒团伙，在其中一个罪犯的口袋中，警方搜出了一张写有“×日下午3点，货在×区云杉树顶”的纸条。警方迅速赶往现场，发现字条中所提到的这棵云杉树并不高，树顶上并没有毒品。于是，他们重新认真推敲纸条上的话，终于在正确的位置找到了毒贩所藏的毒品。你知道毒品究竟藏在哪里吗？

21. 破解密码

M国谍报员截获了1份N国的情报：

（1）N国将兵分东西两路进攻M国。从东路进攻的部队人数为：“ETWQ”；从西路进攻的部队人数为：“FEFQ”。

（2）N国东、西两路总兵力为：“AWQQQ”。另外得知东路兵力比西路多。请你帮忙破解以上截获的情报中的密码。

22. 辩护律师

律师梅尔接到一起为保险公司辩护的案子。案件是这样的：原告购买了该保险公司的人身保险，不久前，他的肩膀被掉下来的广告牌砸伤了，而且伤得很严重，整个手臂都抬不起来，于是他向保险公司提出巨额索赔。保险公司凭着多年的从业经验，怀疑原告骗保，所以拒绝支付赔偿。之后双方就因此打起官司来。

梅尔仔细分析了案情，又从多个方面对原告进行了观察，很快，他就看出了原告所说的伤势的确有假。开庭时，梅尔故意用一种关心的口吻问原告："为了证明您的伤势，请您给陪审员们展示一下，您的手臂现在能举多高？"原告慢慢地将手臂举到齐肩高时就露出痛苦不堪的表情，表示不能再举了。接着，梅尔又问了原告一个问题，这下原告的伪证一下就不攻自破了。你知道梅尔问了一个什么问题吗？

23. 敌机的位置

第二次世界大战时，英国某飞行中队击落了入侵的德国战机后，正准备返回基地。突然，远处云端出现了闪闪发光的亮点，中队长马上利用呼叫机通知其他队员："前方有目标，好像是敌机！请注意其他方向，随时准备战斗！"紧接着，另一架飞机上的飞行员也喊了起来："在9时的下方，发现一架敌机！"中队长根据这一呼叫，迅速布置好作战方案，很快一举歼灭了3架敌机，胜利返航。不过，当时另一架飞机上的飞行员所说的"9时的下方"是指的什么方向呢？你能帮忙破解这句话的意思吗？

24. 字母“S”

在一栋学生公寓里，一个女孩在自己的房间里被害。从现场来看，死者遇害前正在做习题，她的右手紧紧攥着一根铅笔，笔芯已经断了。而在死者倒下的地板上，发现了她用这根铅笔留下的一个像是“S”的字母。警员分析，这应该是死者死前想要留下的线索。经调查，同住这栋楼4号房间的女孩有作案嫌疑，但随即又被证实，该女孩并没有行凶。就在案件陷入僵局时，警员想起被害人手里攥着的铅笔芯是断的，于是恍然大悟。“原来凶手另有其人！”请问，你知道真凶在哪儿吗？

25. 报警

在一家大酒店内，布德被歹徒挟持，歹徒逼迫布德给家里打电话假报平安，以便将布德转移到其他地方。在歹徒的监督下，布德不得不打通妻子的电话，他在电话里说道：“亲爱的，我是布德，昨晚我非常不舒服，没有陪你去酒吧，现在好多了，多亏皇朝大酒店经理送来的特效药。亲爱的，别生气了，不要和我这样的坏人生气，我们会永远在一起的，请你原谅我的失约，我的病不是很快就好了吗？今晚我回家时再向你道歉，可别生我的气呀！好吧，再见！”谁知电话挂断后没过5分钟，警察就突然出现在他们面前，歹徒不得不举手投降，你知道布德是怎么报警的吗？

26. 肇事车辆

一辆汽车肇事后逃逸了，警长维克多立即赶到了出事地点。一位目击者称："当时我通过后视镜发现，自己车的后面有一辆车突然拐向小路飞驶而去，就顺手记下了那辆车的车牌号：18UA01。"维克多对手下警员说："这很可能就是肇事车辆，马上搜捕这辆车！"但几小时后，警局给维克多打来电话，告诉他目击者提供的车牌号"18UA01"是个空号。现在把近似车号的车都找来了，有18UA81号、18UA10号、10AU01号和10AU81号共4辆车。维克多琢磨了一下这些车牌号，然后从中找出了那辆肇事车。你知道他找出的是哪一辆吗？

27. 让人晕头转向的提问

这一天，侦探皮特去拜访一位朋友。朋友指着自家照相簿里的一张照片问皮特："我没有兄弟和姐妹，但是这个男人的父亲是我父亲的儿子。你知道他是谁吗？""那还不容易，"皮特说，"这个男人就是你的儿子。这是个19世纪的古老谜语，人人皆知。""好聪明！那么这张照片上的人呢？他是我父亲唯一的侄女的唯一的姑母的唯一的兄弟的唯一的儿子。"皮特被这个朋友的这个听起来像绕口令的问题给逗乐了，但他想了几分钟，就回答道："他一定就是你。我明白了，这是你许多年前拍摄的一张照片。""那你再看一看这张照片上的女孩子。她挺可爱，不是吗？"朋友不死心，继续问道，"她是我姑表妹的母亲的兄弟的唯一的孙子的舅舅的唯一的堂兄弟的父亲的唯一的侄女。"这下可把皮特给难住了。你能说出她是谁吗？

28. 关键短信

一天夜里，一伙强盗盗窃了镇上的一家银行。警长安德里接到报案后，马上着手调查，他在全镇上下进行了地毯式搜索，可几天过去了，强盗们像蒸发了一样，毫无音讯。这时，通信部门打来电话，称10分钟前收到几个很奇怪的短信，都是由同一个手机发出的，内容都是“1257”。后来，通过调查这部手机的来源，安德里他们终于抓获了一名犯罪分子，并证实了他就是强盗之一，根据这个强盗的交代，很快他的其他同伙也都被警方一举拿下。请问：你知道这条短信内容有什么异常吗？

29. 狙击手的绰号

刑事局的工作人员费尽千辛万苦，总算取得了有关A、B、C、D、E 5名狙击手的部分情报，通过仔细分析，工作人员知道了各个狙击手的绰号。其资料如下：

（1）大牛的体型比E狙击手壮硕。

（2）D狙击手是白猴、黑狗的前辈。

（3）B狙击手总是和白猴一起犯案。

（4）小马哥和大牛是A狙击手的徒弟。

（5）白猴的枪法远比A狙击手、E狙击手准。

（6）虎爷和小马哥都不曾动过E狙击手身边的女人。

你知道每个狙击手的绰号各是什么吗？（答案不唯一）

30. 恐吓信

某酒店12楼深夜起火，楼道里浓烟滚滚，住在该层楼里的张小姐有幸逃了出来，但和她同住一套房的王小姐却被烧死在里面。后来经过尸检，警方发现，王小姐早在起火前就已经被人用利刃刺中心脏而死，且套房里还有一个定时引火装置。张小姐因此成了案件的最大嫌疑人，不过张小姐却辩称，自己因有事很晚才回到房间，以为王小姐已经睡下，就没有打扰她。半夜发现起火时，她曾大声叫喊过王小姐，但因为烟雾太浓，她便很快离开了房间，并不知道王小姐在此之前已经遇害。

随后，警方经过调查，发现王小姐的同事李先生跟王小姐积怨很深，也有作案动机。但李先生在接受调查时却说自己是无辜的，还声称有人曾在事发前给他寄过恐吓信，并把恐吓信交给了警方。信上写着："我知道你是刺杀王小姐的凶手，如果不想被人发现，就在明天下午6点带上100万元现金到××车站入口处。否则，有你好看。"寄信时间正好离案发相差1个小时。警方随即确定了凶手，将其缉拿归案。你知道警方缉拿的是谁吗？依据又是什么？

31. 杨树叶

一天，有一胖一瘦两个年轻人来见法官。

胖子抢先开口说道："法官大人，这个人借我的金子不还，请大人为我做主。"瘦子忙跑到胖子的前面，嬉笑着说道："法官大人，别听他胡说八道，我根本不认识他，怎么能拿着他的金子不还呢？"法官听了两个人的话，先问瘦子："你到底借过人家的金子没有？"瘦子答道："我对天起誓，绝不敢在此蒙骗大人！"法官又转过身来问胖子："你说他借了你的金子，有证人吗？"胖子挠了挠头，丧气地说："当时只有我们两个人在场，没有证人啊！"听了这话，瘦子暗自发笑。法官发现瘦子那得意的微笑里似乎隐藏着什么。心想：这里面一定有鬼。

他思忖片刻，又问胖子："你是在什么地方把金子交给他的呢？""在镇子东边的一棵大杨树下。"胖子答道。"好，你马上再去一趟，到杨树下拾两片落叶来，我要把它们当作证人，它们一定会告诉我真情的。""用树叶当证人？天大的笑话！"胖子心里疑惑，不肯前去。"你愣着干什么？还不快去！"法官不高兴地瞪了胖子一眼。胖子心想：事到如今去就去吧，兴许他还能有点什么高招呢！胖子朝镇子东边跑去。胖子走后，法官又对瘦子说道："你先在这里等会儿，等他回来，我再处理你们的案子。"说完，法官就去审理别的案子了。过了约有半个小时，法官又审理完了一个案子，突然抬起头来问道："都半个小时了，他怎么还不回来？""我估计，这时候他还没走到那棵树下呢！"瘦子脱口回答说。又审完了一个案子，法官又转过身来问瘦子："都一个半小时了，这回他该往回走了吧？""是的，法官大人，他很快就能够回到您的面前了。"瘦子话音刚落，胖子就满头大汗地跑回来了。他把两片枯黄的树叶递给法官，哭丧着脸说道："法官大人，树叶拿来了，可是它能为我作证吗？""能，可爱的年轻人，现在它已经为你作证了。""作证了？""对，现在我来宣判，"法官轻蔑地看了瘦子一眼，讥讽地说道，"年轻人，说实话吧，难道还想拿着人家的金子不还吗？"

谎言被揭穿，瘦子无可奈何地低下了头，羞愧地把金子还给了胖子。

法官是根据什么断清这件没有证人的争讼案的呢？

第一章　答案

1. 肇事车号是6198，因为被撞的小学生在飞起来翻了半圈时看到的车号是倒着的。

2. 内圈的数字是8。其实，要想迅速打开保险柜，只要将外圈最小的数与内圈最大的数对上就可以了。这样，内外圈每组数字相加都会是13。

3. 比利留下的这串数字指代了7、8、9、10、11这5个月份英文单词的词头：J（anuary）、A（ugust）、S（eptember）、O（ctober）、N（ovember），J-A-S-O-N，这说明绑匪是JASON（加森）。

4. 11点53，53+12=65，也就是12点零5分。11点40分，40+25=65，也就是12点零5分。12点零8分，8-3=5，也就是12点零5分。12点15分，15-10=5。也就是12点零5分。所以作案时间是12点零5分。

5. 警长的算法是：开始9页每页用一个数字铅字，计9个，此后的90页每页用两个铅字，共计180个；再往后的900页百位数字的页码每页用3个铅字，共计2700个。因此推断出：这本书若是999页，就要用铅字：9+180+2700=2889（个）。但它只用了2775个字，因此书的页数在100～999之间。从第100页算起共需铅字2775-189=2586（个）；因每页用3个字，所以，2586÷3=862（页），再加上前面的99页，这本书共有961页。

6. “朝”字拆开为十月十日，又有早晨之意，所以老王判断，接货时间为十月十日早晨。

7. 理查德打电话时，有时候捂住话筒，有时候又松开，这样，警局听到的内容就成了：“……我是理查德……现在……黑塔旅馆……和目标在一起……请赶来……”

8. 凶手是3楼14室的人。馅饼英语叫PIE，而PIE在希腊语是π，π代表圆周率，是3.14159……一般π是以3.14来计算的。那块馅饼暗示的就是凶手在3楼14号房间。

9. 门拉说：“我将要被砍头”。因为如果这句话是真话，那么他应该被绞死，但如果把他绞死，那么他说的“我将要被砍头”就成了一句假话，而说假话是要被砍头的。绞死或者砍头，都没有办法执行国王原来制定的游戏规则，所以最后他们只能把门拉给放了。

10. 克莱尔探长问：“你们头目的衣服怎么穿反了？”土匪们一时没有反应过来，都朝一个人看去，于是，克莱尔探长就知道谁是土匪头子了。

11. 凶手是608的光，因为女侦探背着手写下的608，数字排列发生变化，正反顺序也颠倒过来，608变成了809。

12. 凶手是和尚。因为和尚戴的佛珠和珍珠项链相近，受害人是想借此暗示真凶。

13. “昼夜不分开”就是“明”字，“二人一起来”为“天”字，“往街各一半”指的是“行”字，“一直去力在”则是“动”字，这道密语合起来就是“明天行动”。

14. 杀死R的是A间谍。因为R是罗马人，所以“X”可能是用来表示数字10的。三个人的编号当中只有A的标号是大于10的，R很可能是没有来得及写完他的编号就断了气。

15. 由于车牌号码是四位数，所以可以假设该车牌号为xxyy，因为这个数字为完全平方数，则为整数，四位数可以表示成1000x+100x+10y+y=1100x+11y=11×（100x+y）。因为100<100x+y<1010，所以100x+y必为11的16、64、81倍，将几个数依次代入即可求出x=7，y=4，所以肇事车辆的车牌号为7744。

16. 警长特鲁华故意喊了句：“罪犯的右脸上有污渍！”

17. 即使在同一国家，两个地区的时间也有可能不同。美国的芝加哥和纽约就有一个小时的时差。劫匪从芝加哥逃往纽约的过程中，很有可能会忘记将自己手表的时间调到纽约时间，所以当纽约警员询问这名来自芝加哥的劫匪当时的时间后，他就能马上肯定劫匪是否来自芝加哥了，从而进一步确定劫匪的犯罪嫌疑。

18. 密道开关就是在钢琴的键盘上，密码为“米勒”即“3”、“6”两个音。

19. 应该是歌舞剧演员。因为她是女的，方块Q表示的是女皇后。

20. 毒品埋藏在下午3点时云杉树顶在地面的投影处。

21. 根据条件，因为N国东、西两路进攻的部队人数分别为ETWQ、FEFQ，且总和为AWQQQ，说明每个字母代表一个数字，且关系如下：ETWQ+FEFQ=AWQQQ，所以推理出Q=0，而W+F=10，T+E=9，E+F=10+W。另外由于东路比西路人数多，所以E+F>9，E≥F，最终得出E=7，W=4，F=6，T=2，即7240+6760=14000。

22. 梅尔问原告："受伤之前您能举多高呢？"原告立刻把手臂举过头顶，并说道："原来可以举这么高呢！"

23. 因为中队长利用呼叫机通知其他队员时，说的是："前方有目标，请注意其他方向"，所以另一位飞行员在报告敌情时，必然是以中对长所在的位置为参照，才能准确告知其敌机的具体方位，所以他所说的"9时的下方"，应该具体指的是在中队长的后方偏左方向发现了敌人。

24. 被害人显然是想通过自己留下的记号暗示凶手，而s和5最为相似，所以凶手极可能在5号房。

25. 布德在打电话的时候做了手脚，在通话时，他一讲到无关紧要的话就用掌心捂紧话筒，不让妻子听到，而讲到关键的字的时候，他就松开手，所以他实际上告诉妻子的是："我是布德……现在……皇朝大酒店……和坏人……在一起……请你……快……赶来……"

26. 10AU81，因为目击证人是从后视镜中看到的，所以实际的车牌号应与看到的完全相反，所以目击证人从左到右看到的虽然是18UA01，但实际这辆车的车牌号应该是10AU81。

27. 是这个人的妻子。最后那句话里有很多可以相互抵消的说法，因为姑表妹的母亲就是姑姑，而姑姑的兄弟就是这个人的父亲，之前已经知道，这个人的父亲只有一个姐妹。父亲的唯一的孙子就是这个人的儿子，而儿子的舅舅就是妻子的兄弟，他唯一的堂兄弟也就是他妻子的堂兄弟，妻子的堂兄弟的父亲就是他妻子的叔伯，妻子的叔伯的唯一的侄女就是他妻子本人。

28.强盗为了不暴露真实信息，在短信中没有使用文字，而是利用了音乐简谱中的四个音符“1257”，即“都来收息”，通知同伙分赃。

29. 从（1）、（5）、（6）情报可以得知，E狙击手就是黑狗。根据上述关键信息和（4）、（5）情报推敲，可以知道，A狙击手就是虎爷，再从这个信息和2号情报推敲，D狙击手是小马哥或大牛。然后，根据这个关键和3号情报，可以知道C狙击手是白猴，剩下的B狙击手就是大牛或小马哥了。

30. 警方缉拿的是李先生。因为通常信被寄送出去是不可能在1个小时内到达收信人手中的。即便送达收信人手中，也不可能知道王小姐是被刺杀的，只有真正的凶手才会清楚地知道。

31. 法官是用试探的方法审清这件案子的，他想，胖子说是在镇子东边的一棵杨树下把金子交给瘦子的，如果这是假话，那么瘦子就根本不会知道有这么一棵大杨树，而且不会知道大杨树在哪儿，离这里的距离又有多远等信息。但是后面发生的事情让法官明白了瘦子是知道那棵树的位置的。当胖子走了半个小时后，法官问瘦子：“他怎么还不回来？”瘦子却回答说：“我估计这时候他还没走到那棵树下呢！”这正好证明了瘦子知道那棵大杨树的位置，说明他之前去过那棵树下，也由此证明了胖子说的是实话，而瘦子说的是假话。

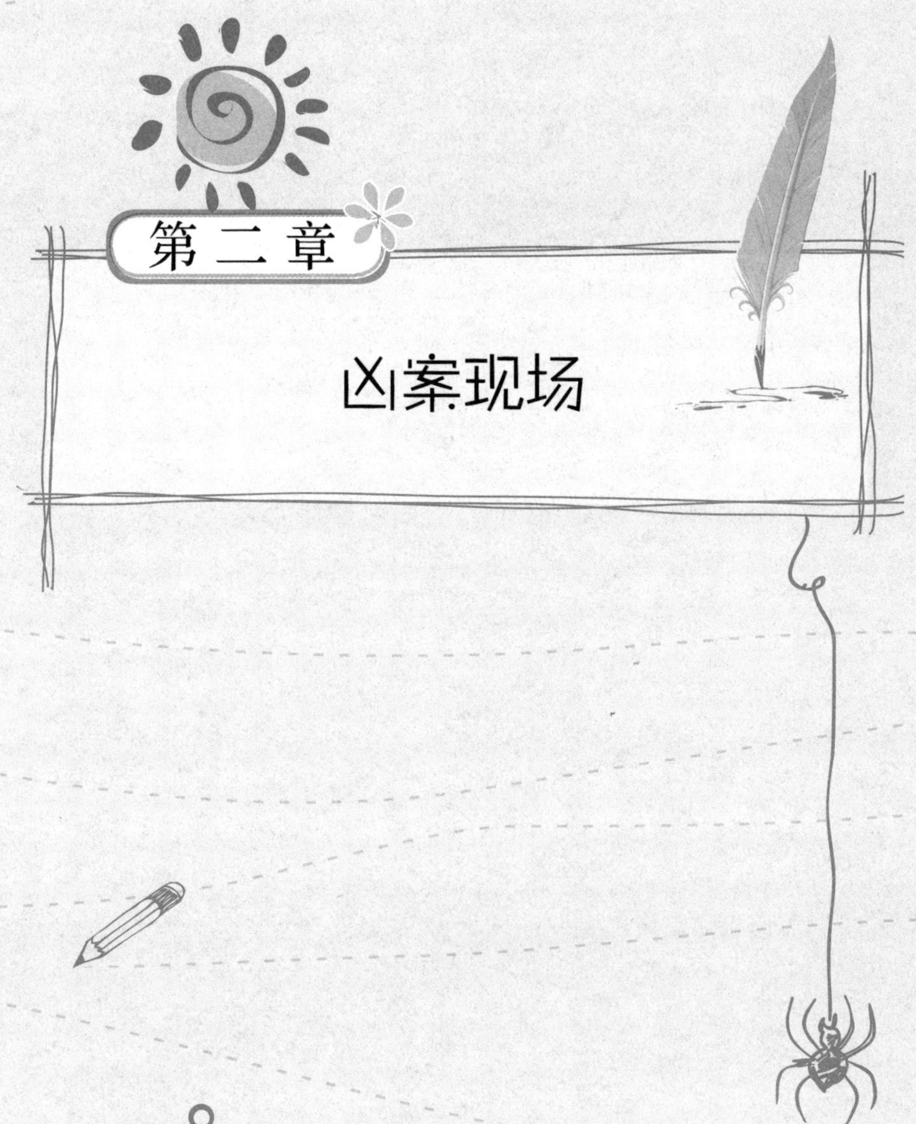

第二章

凶案现场

1. 3枚硬币

在学生宿舍楼的正门外，一具尸体背朝上倒在地上，一支羽箭垂直插入尸体的背部，从头朝门、脚朝大道的姿势看，显然死者死在外出归来正要开门的时候。经查询，死者的名字叫吉姆。警长卡特翻动了一下尸体，发现尸体下面有3枚100元的硬币；在死者衣兜的钱包里，有不少10元和100元的硬币。

卡特问宿舍楼管理员：“这幢楼里有多少学生居住？”管理员说：“现在是暑假期间，学生们大都回家了，只剩下吉姆和布朗两个人。他俩都是射箭选手，听说下周要进行比赛。”他抬头指着对着正门的二楼房间窗户介绍说：“那就是布朗的房间。不过，今天晚饭后布朗一直没有从二楼下来过。”

卡特来到布朗的房间，叫醒了他。布朗吃惊地说：“你们怀疑我吗？请别开玩笑。吉姆是正要开门的时候，背后中箭死的！就算我想杀死他，但我从窗口里也只能看到他的头顶，无法射到他的背部啊！”卡特走到窗口，探身望了望，便转身取出3枚100元的硬币，对布朗说：“这是你的吧，也许上面还有你的指纹哩。”布朗一看，结结巴巴地说：“可能是我傍晚回来时，不小心从兜里掉出来的。卡特说：“不，是你用它为吉姆设下了陷阱！”

请问：住在二楼的布朗究竟是怎样谋害吉姆的呢？

2. 氢酸钾中毒

有一天，一位住在犹太人聚居区的年轻寡妇被发现死在自己寓所的卧室内。据推断，死者的死亡时间为前一天晚上10点左右，致死原因是氢酸钾中毒。死者没留下遗书，但是警方由反锁的门与防盗链、扣紧的门窗来推断，认为死者是服毒自杀。但是该区神父却怀疑警方的推断，因为死者是虔诚的犹太教徒，而犹太教是反对自杀的，他们认为自杀是亵渎神旨，有违神意的，而且听说她最近还有再婚的打算呢！根据资料，前一夜死者的小叔曾拜访过她。警方指出："此人7点左右来，在9点以前就离开了，走的时候死者还亲自送他离去，这是其住所的管理员亲眼目睹的。"神父忽然想起死者有服用安眠药的习惯，于是向警方说道："死者的小叔就是凶手！因为如果死者是自杀的，现场必有盛毒容器，但现场却没有。"接着，神父就把凶手杀人的计谋有条不紊地说了出来。你知道是什么计谋吗？

3. 不可思议的任务

在风景如画的海滨沙滩上，有人发现了一具完整的女尸，死者身高在1.8米左右。尸体被装在一只布袋里，布袋四周绑有32个铁饼，相当笨重。看上去，凶手在杀死女人之后，企图将尸体沉入大海。没想到，沉重的布袋依然被冲上了沙滩，结果尸体被发现了。

经过调查，警方找到了几个嫌疑犯：一个是身材矮小、瘦削的出租车司机，一个是身材高大的流氓，还有一个是孔武有力的壮汉。

警方依法进行了搜查，结果在那个出租车司机的出租车里发现了死者留下的血迹。原来，这个司机看到死者的钱包里有很多现金，见财起意，就将其杀死，劫走钱财，并弃尸大海。但是，一个瘦小的歹徒，怎么能够把这具绑着这么多铁饼的尸体拉过沙滩再抛入大海呢?

4. 救命的闹钟

凯乐是名优秀的特工，他也被敌方的情报部门视为眼中钉，曾经遭到多次暗杀，可他凭着自己的机智勇敢，一次次躲过了这些危险。这次，S国情报部门得知凯乐在海边度假，就派出本国最出色的暗杀者列托夫谋杀凯乐。

列托夫没费多少力气就找到了凯乐。实施跟踪后的第三天，列托夫搬到了凯乐住的酒店，在凯乐房间的对面住了下来，他决定晚上动手。

列托夫在自己的手枪上装好消声器，在傍晚时候，他用万能钥匙打开凯乐的房门，溜进了房间。他看了看表，距离凯乐回来大约还有一个小时的时间，于是他便打开床头灯，搜索房间里的物品。他搜索了一会儿，没有发现什么有价值的东西，便把灯关了，静静地等凯乐回来。

15分钟后，门外传来了凯乐开门的声音。听其走路时的声音似乎有点立足不稳，像是喝醉了似的。列托夫从声音判断：当凯乐走到门口的时候，好像稍微迟疑了一下，接着，列托夫看到一个黑影扑进卧室，于是他立刻开枪，准确地击中了那个黑影。

正当列托夫以为大功告成的时候，忽然，他又听到一声枪响，然后一阵剧痛让他倒在了地上。凯乐打开灯走了过来，微笑着说："对不起，刚才进来的是我的衣服——我一进门就知道有人来过。"

列托夫痛苦地低下头，他大声问道："为什么……为什么你知道有人来过？”

凯乐拿起床头的闹钟晃了晃说道：“你很不走运，如果不开灯的话，现在倒下的人就是我了。”你知道凯乐是怎么知道有人来过的吗？

5. 可怕的翻车

西拉蒙是一名间谍，这一天，他得到一个消息：今天半夜1点钟左右，S国的情报官，将要驾驶一辆吉普车，带着一份绝密文件，经过5号盘山公路。西拉蒙马上决定，在公路上堵截情报官，抢走绝密文件。

夜深了，公路上几乎没有车辆来往。西拉蒙坐在一辆卡车里，关闭了车灯，隐蔽在路边。他看了看夜光手表，已经半夜1点钟了。这时候，远处传来了汽车的马达声，接着，灯光越来越近，西拉蒙看清楚了，驶来的正是情报官的那辆吉普车。他立刻打开车灯发动马达打算去拦截，谁知道那辆吉普车竟然“突突突”响了几声自己停了下来，情报官跳下车，骂了一句：“见鬼了，忘了加油！”

这真是天赐良机啊！西拉蒙心想。于是他一踩油门，卡车冲了过去，又“吱”的一声在吉普车旁边刹住了。西拉蒙跳下车，拔枪对准情报官。情报官见状拿起公文包撒腿就逃，可是他怎么逃得过子弹呢？西拉蒙“砰砰”两枪就把情报官打死了。

西拉蒙打开公文包，拿走绝密文件后，把尸体和公文包放进吉普车，又拿出事先准备好的汽油瓶，扔进驾驶室。最后，他把吉普车推下悬崖，“轰”的一声，山谷下面燃起了熊熊大火。

第二天早上，电视新闻里报道：“5号公路发生车祸，一辆吉普车翻下悬崖起火，车和驾驶员被烧焦……”西拉蒙放心地笑了。可是他听到电视里又在说："警方根据初步调查，认为这起事故并非意外，而是人为制造的……"西拉蒙听后吓出了一身冷汗，他不明白，警方到底是从哪里发现破绽的呢？

6. 真正的凶手是谁

女影星苏珊在拍摄某部电影期间，被意外地发现死在家中。她的脖子几乎被勒断，显然是被人谋杀的。经常出入她家的三个男人受到怀疑，分别是电影制片人、苏珊的司机和影片的男主演。制片人说："司机没有杀死苏珊。"司机说："制片人说的是真的。"男主演说："制片人在说谎。"三人中真的有一人是杀死苏珊的凶手，并且有人说谎。不过，真正的凶手说的倒是实话。你知道真正的凶手是谁吗？

7. 谋杀

富商罗本死在家中，他的四个亲密女友接受调查，纷纷为自己辩解及指证他人。丽莎说："罗本是珍妮杀死的，因为她知道他早已不爱她。"珍妮说："一定是凯特杀死了罗本，她想分得他的财产。"薇薇安说："我没有杀人，我是无辜的。"凯特说："珍妮在说谎。"其中只有一个女人说了真话。你能猜出究竟是哪个女人杀死了罗本，谁说了真话吗？

8. 影星遇害

这天，影星小森秋子的经纪人给警长吉田打电话，说他正同秋子通着电话，突然听到秋子一声惨叫，随后就听到倒地的声音，然后再怎么呼叫也听不到她的回应，他希望吉田能赶快派人到秋子的寓所去看一看究竟，他自己也会尽快赶往。

等到吉田等人赶到秋子的寓所时，发现公寓的门没有上锁，推门一看，只见秋子倒在客厅的电话机旁，背后插着一把刀，电话筒掉在一边，时不时传出微弱的通话断线的声音。不一会儿，秋子的经纪人也赶来了，吉田问他："我进入房间时没有看到其他人，秋子在电话里有没有向你说是谁进来了？"经纪人摇了摇头。吉田又问："这个电话是谁先打的？"经纪人回答道："是秋子给我打的。当时我正在家里看电视。"吉田再问："在通话当中，你听到她一声惨叫，担心她的安全，于是马上给我打了电话，是这样吗？"经纪人回答："是的，是这样。"结果吉田说："你编造的这一套谎言只有一个目的，那就是让人们确认你不在被害现场，而事实上，你就是真凶！"请问，吉田是凭什么判断经纪人就是凶手的？

9. 浴缸溺亡

一天，鲁尼探长要去看望住在海边豪宅的好友克拉克。路上，他给克拉克打了电话，告诉他自己大约半个小时后到。

半小时后，鲁尼准时到达，仆人为他开了门，并说克拉克在洗澡，需要鲁尼等一会儿，可鲁尼在客厅里等了5分钟，还不见克拉克出现。鲁

尼有些焦急，于是便问仆人，仆人特里说："老爷进去洗澡已经半个多小时了，会不会……"鲁尼探长立刻冲向浴室，撞开浴室门，但发现克拉克已经死在浴缸里了。鲁尼立即报了警，然后对尸体进行了初步检查。从初步检查的结果来看，他是溺水死的，死亡时间大概在半小时前。

警察赶到后做了进一步分析，发现克拉克的肺部有大量海水，而没有淡水残留。同时，整个下午只有仆人特里一个人在家，没有其他人来过。

鲁尼第一反应就是特里是凶手，并命人抓住特里。特里拼命地否认他没有作案时间："鲁尼探长打电话来的时候主人还在接电话，从那时到现在只有30多分钟，可是从这里到海边却要一个小时！我就是坐飞机也来不及。"但鲁尼却一口咬定是特里干的。你认为鲁尼的理由是什么呢？

10. 公寓谋杀

寂静的夜晚，位于大学城的学生公寓楼群里却喧闹至极，人声鼎沸。突然，一声枪响划破了夜空。很多学生寻着枪声来到了一间独栋别墅式公寓的前面，只见这座公寓二楼卧室里，大学生哈里已倒在了血泊中。前来围观的一位学生马上打电话报了警，随后，探长亨利带着助手立刻来到学生公寓。

经过调查，亨利了解到了这座公寓里共住着4个学生，死者哈里，比尔、桑尼，还有格伦。亨利觉得这3个学生都有嫌疑，便把他们3人隔离开，对他们进行单独的讯问。

亨利先讯问比尔："哈里被枪打中的时候，你在干什么？"

比尔说道："我正在修车，我把一盏灯带到了屋后面车库那里，插上电源打开灯修车。就在这时，房间里传来了枪声，我赶快跑进屋去。”

亨利又开始讯问桑尼：“枪响时你在干什么？”

桑尼一瘸一拐地来到亨利面前说道：“我把车停在屋后的一个胡同里，往后门走的时候，被地上的电缆线绊倒了。我坐在地上揉着脚腕，大约两分钟后，我听到了枪声，就赶紧站了起来。”

亨利开始讯问第三个人格伦：“枪响的时候，你在干什么？”格伦说道：“当时我正在往厨房走，我想到厨房盛一杯冰激凌，这时，我听到后门那里有声音，就向外看了一眼，外面漆黑一片，我就又回到厨房取冰激凌了，几分钟后听到了枪响。”

为了证实他们说的话，亨利开始搜查房子，在厨房的冰箱旁，他找到一杯融化的冰激凌，在后院的地面上，他看到了电线插头已经被扯出了插座，电线连接的灯还悬挂在比尔的汽车已经打开的引擎盖上。亨利重新回到屋里，指着比尔说道：“你说的话全是谎言，凶手就是你！”比尔申辩道：“我怎么是凶手呢？你搞错了吧？！”亨利当着众人的面，指出了比尔的犯罪事实，比尔当时就哑口无言了。亨利为什么说比尔是凶手呢？

11. 逃跑方向

一个雪后的清晨，两个警察在街上分头巡逻。这时，一个青年推着一辆自行车走过来。其中一个警察见他神色慌张，便上前查问。不料，这个青年突然从衣袖里拔出一把尖刀，猛地朝警察胸口刺去，然后骑上自行车仓皇逃走。另一个警察闻讯赶来时，受伤的警察已奄奄一息了。他向同事指明了凶犯逃跑的方向，并说他是骑自行车逃走的，但话没说完便死了。

后赶来的警察悲愤万分，立刻朝他指的方向追去。没跑多远，前面就出现了岔道。他朝两边望去，左右两边都是不太陡的上坡路。在离岔道口40米的地方，两边的路上都铺了一层黄沙。而且，在松软的雪地上，两条路上都清晰地留有自行车的痕迹！他蹲下身仔细观察：右边路上的车胎痕迹是前、后轮深浅大致相同，而左边路上的车胎痕迹是前轮的车胎痕迹要比后轮的浅。这个警察稍微思考了一下，立刻选择了正确的路线，最后抓住了凶手。那么，凶手到底是往哪边逃的呢？

12. 鸡蛋藏针

万斯准备生吞十枚鸡蛋。他之所以这么做，是因他和朋友打赌，可是他并不知道他的其中一个朋友詹姆斯想借此机会杀死他。万斯打开第一枚鸡蛋，仰起头猛地一口吞了下去，接着，他又吞下两枚，在场的朋友全都鼓起掌来。但就在第四枚鸡蛋被万斯一口吞下后，只见他脸色一变，吐了一口鲜血，说不出话来。在场的朋友见状大惊，连忙把他送到医院，经过抢救他才得以脱险。警官调查时发现，最后这枚鸡蛋是詹姆斯提供的，鸡蛋里面藏有一根钢针，于是警方逮捕了他。可你知道詹姆斯是如何把钢针放入鸡蛋的吗？

13. 咖啡杯上的指纹

大律师奥尔森先生在自己的办公室被人谋杀了。警长赶到现场发现，奥尔森的尸体躺在椅子上，他是被人从椅子后面用一根毒刺刺中心脏而死的。现场一片狼藉，但似乎没有少什么东西。在奥尔森先生的办公桌上有几张纸，上面沾了几滴咖啡。奥尔森先生并不喝咖啡，办公司里也没有任何装咖啡的东西。地上扔着一副手套，奥尔森手上戴的手表也摔坏了，上面显示的时间是3点50分。奥尔森先生的秘书玛丽哭得很伤心，她告诉警长，今天下午奥尔森先生总共有三个约会，分别是2点30分和克尔顿先生的约会、3点和路易斯小姐的约会，3点30分和约瑟夫先生的约会。玛丽说，只有约瑟夫先生要了一杯咖啡，是装在一个纸杯里的。

警长在玛丽的纸篓里找到了这个装咖啡的纸杯。玛丽说，约瑟夫端着咖啡杯进了奥尔森先生的办公室，出来的时候把杯子留在了她的桌子上，她顺手把它扔进了废纸篓里。警长分别对纸杯和毒刺进行了检查，发现毒刺上面没有任何指纹，而纸杯上则留着约瑟夫的指纹。最后，警长竟然指控了玛丽，认为她才是真正的凶手。为什么呢？

14. 毒苹果

艾伦和布伦特是同事，但二人因为升职的事，暗中互相较劲，并相互拆台，不过表面上，他们两个人倒是显得很亲热。

一天，艾伦邀请布伦特到家中做客。布伦特来到艾伦家，先和艾伦及艾伦的家人玩了几圈麻将。后来，艾伦端来了水果请布伦特吃。布伦特顺手拿起了一个大苹果，但感觉太大，艾伦说我们一人一半，布伦特同意了。刚吃完苹果，布伦特便捂着肚子喊起疼来，不一会儿竟停止了呼吸，这可把艾伦全家吓坏了。

警长赶来时也犯了愁。“因为死因虽然是中了氯化钾毒，但布伦特

是自己随意拿的苹果，而且艾伦也和他同吃了一个苹果，他怎么也不可能是艾伦害死的。”警长拿着水果刀思索着。但其实正是艾伦下毒杀死了布伦特，你能猜到是怎么回事吗？

15. 逃犯的血迹

一天下午，在美国加州奥克兰市两名警察的协助下，探长西科尔和助手丹顿小姐于森林公路中段截获了一辆走私微型冲锋枪的卡车。

经过一场激烈的搏斗，4名黑社会成员中有三名被当场擒获，而此次走私军火的首犯巴尔肯被探长西科尔的助手丹顿小姐的手枪击中左腿肚后逃入密林深处。西科尔探长立即命令两位地方警察押送被擒罪犯前往市警署，自己带领助手深入密林追捕首犯巴尔肯。进入密林后，两人沿着点点血迹仔细搜捕。

突然，从不远处传来一声沉闷的猎枪射击声和一阵忽隐忽现的动物奔跑声。看来，这只动物已经受了伤。果然，当西科尔和丹顿小姐持枪追赶到一块较宽敞的三岔路口时，一行血迹竟变成了两行近似交叉的血迹左右分道而去。显然，逃犯和动物不在同一道上逃命。

怎么办？哪一行是逃犯的血迹？丹顿小姐看着，有些懊丧起来。但探长西科尔却用一个简单的方法，鉴别出了逃犯血迹的去向，最终将其擒获。请问，西科尔探长是用何法鉴别出逃犯的血迹的？

16. 凶手是自己

一个夏日的夜晚，出租车司机里昂开着出租车与女友外出后一夜未归。直到第二天早上，人们才在郊外发现了他的汽车，他和女友均在车上，他们相互依偎着坐在后排座位上，却双双命归黄泉了。接到报案，公安局刑侦队队长立即率人前来勘察现场。

出租车停在离高速公路不远的一块地势较低的草地上，发动机还在运转，车上的空调也开着，但门窗紧闭。出租车车身、门窗完好无损，车内外也无搏斗的迹象，两人衣衫整齐，面容安详。因此可以断定，两人之死非外来袭击所致。

那么究竟谁是凶手？凶手又是用什么方法把两人杀死的呢？一连两天，队长苦苦思索，却始终不得其解。正当冥思苦想之际，法医的尸检报告送来了。

“凶手原来是里昂自己！”队长看过验尸报告，心里的一块石头终于落了地。你知道里昂和他女友的死因吗？

17. 猎人的仇杀

在乡间的一片密林边，有一座低矮的小屋子，里面住着两个年轻的猎人，一个叫鲁本，一个叫内维尔。他们虽然住在一起，但从来不一起去狩猎。

这一年，内维尔在秋天捕猎丰厚，所以冬天就没有进山捕猎，而是在家生起了炭炉取暖。鲁本则冒着严寒，在林子里转了好几天，结果终于打到了一只豹子。他得意扬扬地拖着死豹子回家，想要好好地向内维尔炫耀一番。谁知道他刚刚推开房门，便“哇哇”乱叫着逃了出来。原来，内维尔趴在地上，早已死去了。惊慌的鲁本连忙报了警。警察觉得内维尔的死因非常蹊跷，因为内维尔体格十分健壮，但他的尸体却面色发黑，好像中了毒。警察在调查中了解到，这里几乎没有其他居民，而鲁本和内维尔两人性格都很倔强，经常为了谁先捕捉到猎物发生争执。到底鲁本是不是杀害内维尔的凶手呢？

18. 管理员断案

因为供电局更换照明电缆，好几幢公寓都在晚8点至11点停电。

这天晚上，盲人中心的经理妮可9点多才回到公寓，并走楼梯回家。

第二天，人们在楼梯上发现了她的尸体，她手里还拽着皮包的袋子，却不见皮包，显然这是一宗杀人抢劫案。警长赶到现场调查。据公寓管理员回忆，当时还有同楼的另一男子和妮可差不多同时间上楼。警长立刻招来那名男子询问。那名男子说：“我当时确实和妮可同时上楼梯，我看见她是盲人，行动不方便，所以还扶着她上楼梯，到了她住的那层我才走。”管理员听那男子说完后，大声说：“他在说谎，妮可小姐很可能就是他杀的。”请问管理员的依据是什么？

19. 冰湖上的罪恶

冬日的傍晚，冰封的湖面反衬着旅馆的灯光，清冽的空气里也裹着缕缕暖意。警长托尼沿着湖畔的石板路踱着步子，脑子里开始了习惯性的思考。

零下5℃的低温还是让托尼不由得竖起了皮大衣的领子。突然，一个浑身湿透的男子气喘吁吁地向他跑来，向托尼叫道：“先生！快救救我的朋友吧！我们刚才在湖面上溜冰，冰面破裂了，他失足掉了下去。我

跳下去捞了半天，什么也没捞着。”

托尼赶紧回旅馆找人帮忙。从旅馆到出事地点有1500米，他们赶到那里时，只发现在裂洞旁边有一双溜冰鞋。那人解释说：“当时我刚把鞋脱掉，准备回家了，但他还坚持要再玩一会儿。”托尼锐利的目光盯住他说：“别再隐瞒了，谈谈你是怎么害死你的朋友的吧！”托尼是怎么识破那人的骗局的？

20. 伪造的录音

某屋发生了凶杀案，死者为已婚女性。探长来到现场观察。法医做完尸体检验后证实，死者死亡时间不超过两小时，是被一把刀刺中心脏而死的。

探长发现现场桌上有台录音机，问其他警员：“你们开过录音没有？”

警员们都说没开过。

于是，探长按下了放音键，录音机里传出了死者的声音：“是我老公想杀我，他一直想杀我。我看到他进来了，他手里拿着一把刀。他现在不知道我在录音，我马上要被他杀死了……咔嚓。”录音到此中止。

探长听完这段录音，马上对众警员说，这段录音是伪造的。你知道探长为什么这么快就认定这段录音是伪造的吗？

21. 日式老房子

伦敦郊外的一栋古老的日式老房子内，房子管理员被杀了，但奇怪的是，房子的门窗都是从里面紧锁的。那么凶手在杀死了管理员之后是从哪里逃走的呢？负责这起案子的侦探在查看了这栋日式房子后说道：“原来凶手是利用了日式房子的特点巧妙逃走的啊！”你能解释凶手是如何逃走的吗？

22. 发生变化的脸型

吉姆从自家的窗户缝里目击到邻居家发生的一起凶杀案。因为凶手通过窗户向外窥视了好几次，所以吉姆清楚地记住了他的长相。他向警长描述说，凶手是一个细长脸的男人。而之后去自首的罪犯却是圆脸，并非细长脸。难道吉姆看到的不是凶手吗？这里面有着怎样的玄机？

23. 奇怪的死亡时间

初秋的一个夜晚，某公寓楼道管理员闻到一股刺鼻的石油气的味道，他根据气味赶到其中一个住户的家门口，结果发现其房门大开，房间主人已经死在了房间内。

警方赶到时发现，该房间厨房中的管道石油气开关上接了一条长长的塑胶管，气体正大量地从管中外泄出来。不知什么原因，在厨房的地板上还有一大片水渍。

法医在解剖尸体后发现，死者的死因是一氧化碳中毒，同时曾服用过少量的安眠药，死亡的时间大约是晚上9点钟。

正常情况下，如果一个人待在房间里，关上门、窗，再将石油气全部打开的话，在20分钟内必定死亡。也就是说，凶手应该是在8点40分左右就进入房间，开了气体管道开关然后逃走的。但是，两天后警方逮捕了嫌疑犯，却发现嫌疑犯当天晚上7点正因车祸而被警方关在拘留所中，且整整关了一个晚上。

如果是这名嫌疑犯在7点之前就开了管道石油气，然后逃走，那么被害者的死亡时间应该是晚上7点20分才对。你知道这是怎么一回事吗？

24. 谁是真凶

一个夏天的晚上，一位中学男教师被人勒死在自己家中。警探赶到现场的时候，发现他上身赤裸，倒在距离家门口很近的窗前。根据多方调查，警方很快就锁定了两个嫌疑人。一个是死者的弟弟，他是个游手好闲的流氓，染上毒瘾后经常向他的哥哥索要钱财，两兄弟多次发生争吵。另一个是他班上的一个被他开除的学生的家长，这个学生家长为人粗暴，脾气很差，因为儿子被开除，他一直对这个老师怀恨在心。你觉得谁有可能是真凶呢？

25. 海上求救

一名带着绝密情报的中年男子劫持了一架可坐4人的夏威夷水陆两用游览飞机，并开枪击坏了飞机上的发报机，使得飞机无法与地面取得联系。他命令驾驶员马克按照他的指示往北面的大海方向飞行，因为那里会有一艘潜水艇接应他。

当他们抵达时，劫机者发现，潜水艇还没有赶到。于是他要求马克驾驶着飞机在天上盘旋待命。

马克提高高度，盘旋飞行。马克想，如果运气好能发现航行中的船，那么他就可以向下投发烟筒一类的东西，设法求救，但赶巧海上找不到一条渔船，天空中也连一架飞机的影子也没有。这时，大海似乎突然起风了，平静的海面上掀起了白色巨浪。马克只好在海面上沿着三角形的路线继续盘旋飞行。

突然，劫机者兴奋地叫了起来。原来，海面上露出一个像是鲸鱼似的黑影，在碧波间划开一条白色的波纹，一艘国籍不明的潜水艇浮出了海面。

“在那艘潜水艇旁降落！”劫机持者要求。“明白。”马克拉下油门杆，减小动力，开始下降。虽然紧贴海面下降，但马克故意着水失败，抬起机头，从潜水艇的头上飞了过去。

“喂，你在干什么？快点儿着水！”劫机者气急败坏地喊道。“这不是直升机，如果不看准风和浪的方向着水，飞机会翻倒的，那时你和我只能去喂鲨鱼了。外行少插嘴，有插嘴的工夫，赶快去穿上坐席下面的救生衣，赶上侧浪是会弄翻飞机的！”马克故意吓唬劫机者。劫机者一听这话，赶忙穿上救生衣。为了争取时间，马克故意大幅度盘旋。虽然这次飞机顺利地浮在了水面上，但在距潜水艇还有200米远时，马克就把发动机关了。

“喂，为什么把发动机关了，再近一点儿！难道你想现在就去见上帝吗？”劫机者吼道。可就在这时，一架双引擎的水上飞机正飞速地朝这边飞来。马克一把抓住了劫机者的手腕，“别想逃，那是海军的水上飞机，他们是接到我发出的求救信号赶来救我的。”劫机者一听大吃一惊。

没有了发报机，又是在渺无人烟的大海上空，你知道马克是怎样发出呼救信号的吗？

26. 停电时的误杀

一天夜里，作家亨特的管家被人勒死了。当杰森探长赶到现场的时候，亨特正大口大口地喝着加了冰块的威士忌。显然，他是想让自己尽快镇定下来。

“四天前，我们这里因为检修电路被切断电源。为了完成我的书稿，我只好暂时搬到朋友的空房去住。大概两小时前，也就是快晚上8点的时候，我打电话告诉管家，说我要回来取自己的手稿，他提醒我家里还是没电，劝我明天白天回来。可我因为着急，还是拿着手电筒回家了。谁知刚进门，就有个黑影突然冲出来，重重地把我撞倒在地。我猜想他可能正在我的家中行窃，正当我准备叫上管家好好地查看一下丢失了什么时，却意外地发现管家已经倒在客厅里遇害了，所以我吓得赶紧给你们打了电话。”

听完亨特的讲述，杰森探长说道：“你为什么要撒谎？你的管家究竟是怎么死的？”你知道杰森探长为什么这么说吗？

27. 遗书的破绽

一天，富翁查理乘坐私人飞机到海边别墅度假。在查理飞机的飞行途中，警局突然接到查理飞机驾驶员的电话报案，称查理在飞行途中突然打开舱门跳机自杀了。

飞机着陆后，警局的工作人员立即登上直升机进行勘查，发现查理的座椅上放着一份遗书，遗书上表明查理已经厌倦人生，所以选择了自杀。但随后，警方发现了其中的破绽，经过多方调查，警方判断遗书是驾驶员事先伪造好，并在杀害了查理之后才放到他的座椅上的。请问，你知道警方发现的破绽是什么吗？

28. 谎报

某天晚上，查尔斯在家中看书，突然被人用棒球的球棒从背后袭击身亡，住在对面公寓里的威廉打电话向警方报了案。

警方赶到现场时发现，查尔斯的房间窗户紧闭，而书桌上的台灯还亮着。威廉在做笔录时，是这样说的："当时我从房间向外看，无意间发现查尔斯先生的书房窗户那有个黑影高举着木棍向他直击过去，我感觉不妙，所以赶紧给你们打了电话。"聪明的警员听完威廉的口供后却说："你在说谎！"随即将威廉带回警局。

你知道警员为什么会断定威廉在说谎吗？

29. 撒谎的管家

侦探博科来到一个自杀案的现场，死者是富翁斯宾诺。从现场来看，他应该是在自家阁楼上，用一根带子和一个小板凳上吊而死的。斯宾诺的管家是唯一的目击者。他说："那会儿我正在屋外收拾东西，无意间抬头，突然透过阁楼上的小窗户看见主人踢倒凳子上吊了。所以就赶紧打电话报了警。"博科侦探听完这话，立即知道管家是在撒谎。你知道这是为什么吗？

30. 作案工具

退休工人约翰，每天早晨都有运动的习惯。这天早上，他在公园晨练时，被人袭击毙命。

警方调查发现，这是一宗劫杀案。约翰是被凶手用硬物击中后脑受重伤致死的。凶手从他身上掠去了所有财物，并且凶手是单独作案。

经过一连串的侦察后，警方发现了3个嫌疑犯，于是对三个嫌疑犯在案发时正在做什么进行了审问，三个人的回答如下。

A：“我当天牵着狗在公园里散步。”

B：“我当时在公园里织毛衣。”

C：“我是个画家，我那个时候正在公园里写生。”

警方相信，凶手是利用自己身边的工具作案的。凭你的推理，你认为凶手会是以上的哪一位？他的作案工具又是什么？

31. 教授之死

凌晨3点，侦探博比突然被一阵敲门声惊醒。博比开门一看，原来是住在楼上的亨利，他告诉博比说自己打电话给约翰教授——他的舅舅，却一直没人接听，他担心舅舅出事，所以想请博比和他一起去看看。约翰教授就住在他们附近，于是，博比就随同亨利一起走到了约翰教授家门口。

博比推开门，伸手去按墙上的开关，却发现灯没有亮。亨利说：“没关系，里面还有盏灯，我走进去开。”说着，他向漆黑的房间里走去。不一会儿，里面房间的灯亮了。这时，他们发现约翰教授浑身是血地躺在离门口1米远的过道上。亨利惊讶地叫出了声："天哪！这是谁干的？"他赶紧跨过教授的身体，来到博比跟前看似慌张地看着博比，博比严肃地说："别演戏了，亨利先生，凶手就是你！"你知道博比是如何断定亨利就是凶手的吗？

32. 妹夫

一天，司各特被人发现死在自己的家中。警长特拉逐一电话通知他的家人，当电话打到司各特妻子的哥哥史密斯家时，特拉警长告诉史密斯说："史密斯先生，我们很遗憾地告诉您，您的妹夫被人谋杀了。""噢，上帝，司各特死了？一定是他得罪的那些牌友干的！两个月前，司各特和我的大妹夫因为打牌输了500美元，他们当时和几个牌友发生过激烈地争吵……""是吗？感谢您提供的这一信息，它非常有价值，请您不要离开，我们这就派人到您家去了解更详细的情况。"放下电话，警长特拉就对身边的警员们说："走，已经知道谁是真凶了，我们现在就去逮捕史密斯。"请问，警长特拉是依据什么断定史密斯就是凶手的呢？

33. 致命约会

森蒂周末出去约会后一夜都未归家。第二天，她被人发现死在附近的公园内。警长前往森蒂家中调查情况时，森蒂的母亲告诉警长："昨天下午，有一个男人给我女儿打电话，约她晚上18点30分到公园见面。""你知道打来电话的那个人是谁吗？"警长问。"不知道。电话一开始是我接的，我问他的姓名，但他却说我女儿会知道他是谁！”森蒂的母亲说完就伤心地哭了起来。经过警方仔细地搜查，在森蒂的房间内找到一本电话簿，电话簿上只写着两个男子的姓名，两个男子的职业分别是侦探社职员和电报局职员。如果凶手是其中的一个，你认为会是哪一个呢？

34. 衣袖上的血迹

演员华盛顿和他的女友露丝都很受观众喜欢。这天清晨，华盛顿被人发现死在片场，他的身旁，还穿着演出服装的露丝正捂着脸低声哭泣。警方闻讯赶到现场，法医在检查了华盛顿的尸体后告诉警长：“华盛顿先生死了大约有七八个小时了。”警长看了看露丝问道：“露丝小姐，请问您是什么时候发现华盛顿先生的尸体的呢？”露丝一边哭泣一边说：“我也是刚刚拍完自己的戏才到这里，没想到华盛顿已经遇害了。”这时，警长注意到露丝的衣服袖子上好像沾有血迹，便问道：“露丝小姐，你袖子上沾的是血迹吗？”露丝把她的演出服装的袖口转过来一看，她看到上面确实留有一道长长的血印。“咦？”她看了一眼，说道，“这一定是我刚才在华盛顿身上蹭到的。”听完这句话，警长立即对身边的警员说道：“我想我已经知道罪犯是谁了，请把露丝小姐带回警局接受调查。”请问，警长是如何断定露丝和华盛顿的死有关的呢？

35. 兄弟之争

为了争夺家产，维特两兄弟闹翻了。一天，哥哥被人发现死在街头，而弟弟也随之失踪。警方在侦查现场时发现了以下线索：死去的哥哥血型是A型，而在他身上还发现了另一种血型——AB型，想必是凶手留下的。之后，警方又发现维特兄弟的父亲是O型，母亲是AB型，至于失踪的弟弟是什么血型却不太清楚。依据上述情况，你认为失踪的弟弟会是凶手吗？为什么？

36. 谁毒死了伊万

奥斯卡、布莱特、佐拉和伊万围坐在一张方形桌上用餐。突然，伊万中毒身亡。警探前往现场调查时，奥斯卡他们三个人各提供了两条供词。

奥斯卡说："我坐在布莱特的旁边，不是布莱特就是佐拉坐在我的右侧。这个人不可能毒死伊万。"

布莱特说："我坐在佐拉的旁边，不是奥斯卡就是佐拉坐在伊万的右侧。这个人不可能毒死伊万。"

佐拉说："我坐在伊万的对面。如果我们当中只有一个人撒谎，那个人就是毒死伊万的凶手。"

随后，为他们服务的侍者告诉警探："他们当中只有一个人撒谎。他们当中的确有一个人毒死了伊万。"

请问，这三人中究竟是谁毒死了伊万？

37. 家庭惨案

维多利亚小镇上发生了一起四个家庭成员自相残杀的惨案。调查结果发现，夫妇二人和他们的一儿一女中，有一个人杀死了另一个人，第三个人是谋杀的目击者，第四个人是从犯。此外，这四个人中：从犯和目击者是异性，年龄最大者和目击者是异性，年龄最小者和死者是异性，从犯比死者年龄大，四个人之中父亲年龄最大，凶手不是年龄最小的。请问究竟谁才是这起家庭惨案的凶手呢？

38. 开枪射杀

某个重要人物前往偏僻的某个海岛避难。为防止他国特工人员暗杀，这个重要人物的行踪都是保密的，并且住处都被严密地保护起来。但最终，他还是被特工暗杀了。他的头部中弹，正是这颗子弹让他丢了性命，奇怪的是，当时他房间的门是被反锁着的。他被暗杀当天，只有两个人曾经到访：一个是修理电话的维修工，另一个是每隔一天就给这位重要人物看牙的牙医。他俩在进入房间前都经过严格的搜查，并没有发现携带任何凶器。请问，你能猜到谁是凶手吗？他又是如何开枪射杀这个重要人物的呢？

39. 第二现场

清早，埃里探长就接到报案赶赴凶案现场，他进屋时，屋里的挂钟正好“咚咚”地响了7下。埃里下意识地抬起手腕看了看自己的手表，正好是早上7点。在现场调查取证的一位探员告诉他说："现场除了这盘磁带，没有发现其他证据与线索。磁带上显示受害人被杀的时间是昨天晚上10点零6分。"

"这么准确？"埃里探长吃惊地问道。

"是的，我们接到报案赶到现场，在收音机里发现了这盘未被取走的磁带。磁带里录的是昨晚曼联和阿森纳两支英超球队的比赛实况。就在曼联球员攻入制胜的第三个进球时，磁带中突然出现了枪响，接着是被害人的呻吟声。我们与负责昨晚电视转播的电视台确认过了，当时的时间恰好就是10点零6分。"

"如果真是这样，这里应该只是第二现场。"埃里探长说道。请问：埃里探长为什么会这么说呢?

40. 妻子遇害

夜里1点多，警方突然接到报警，一个名叫威廉姆斯的男子自称他的妻子被人杀害。

警长马上出动警力赶赴现场。这是一幢新盖的别墅，车库里停放着一辆越野车。警长下车走近大门时，门口的狼狗汪汪地吼叫起来。"哈尔，别叫了！"威廉姆斯走出来对狼狗喝道，于是那条狗便乖乖地蹲在他的脚下。警长跟随威廉姆斯走进别墅，只见死者身穿睡衣，倒在厨房，头部被钝器击中致死。

威廉姆斯向警长哭诉道："真没想到会发生这样的事。刚才我为一点小事和妻子吵了一架跑了出去，大约两个小时后回来一看，妻子竟然惨遭杀害！我记得我出门的时候大概是11点，一定是我的妻子没关门导致强盗闯进我家，被妻子发现后，强盗就对我的妻子下了毒手。”“你为什么认为是强盗干的呢？难道你家里有什么东西被盗了？”警长问。“是的，放在柜子里的现金和妻子的宝石不见了。”威廉姆斯回答道。“你出门的时候带了狗吗？”警长又问。“当然没有。当时我是一个人出去的。”

现场取证结束后，第二天一大早，警长就让助手到威廉姆斯的邻居家了解情况。不一会儿，助手回来报告说：“威廉姆斯的邻居是一个准备升学考试的学生，他说昨晚他一整晚都在复习功课。案发时，他并没有听到什么异常的动静。”

“看来，威廉姆斯就是杀害他妻子的真凶！”听了助手的报告后，警长果断地说。请问，警长为什么这么认为呢？

41. 椰蟹杀人事件

日本的海岛上有很多的椰树，同时也有很多的椰蟹。一个夏天的午后，沙滩上的人们正在海水中嬉戏。一对夫妻在沿着海滩散步时，看到一个年轻男子躺在椰树下，用草帽盖着头，似乎在睡觉。但细心的妻子发现，男子的头部好像有鲜血流出，于是他们马上打电话报了警。警察闻讯赶到时发现，这个年轻男子已经死了大约两三个小时了。他的太阳穴被击中，尸体旁有一颗大大的椰子，椰子上还沾有血迹，椰树下的沙地上还有椰蟹爬过的痕迹。从现场的种种迹象看来，很可能是青年在椰树下睡觉时，一只大椰蟹爬上椰树，用自己的“大剪刀”剪断了椰柄，椰子掉下来正好砸中了青年。但是身在现场的探长却不这么看，他认为这是一起谋杀。你知道他判断的依据是什么吗？

42. 真正的凶器

一个寒冷的清晨，警方接到报案，有人被发现倒毙在郊外的一棵四人才可环抱的大树下。死者前额只有一个被撞击过的伤口，死因则是失血过多。警方在死者周围发现了四种凶器：一块坚硬的石头、一把匕首、一根麻绳和一瓶毒药。但经过检验，死者头上的伤口没有泥土，也没有被匕首割伤的痕迹，颈脖处也没有被麻绳勒过的印记，死者也没有中毒。那么，死者究竟死于以上哪种凶器呢?

43. 珍妮号上的谋杀

一艘名为“珍妮号”的汽艇在风暴中颠簸前行，坐在汽艇上的犯罪学家德鲁教授正在读他手中的小说。风暴刚一平息，他就听到甲板上传来一声枪响。他几步冲上了升降口的扶梯，只见中枪倒地的正是汽艇上的拉森船长。德鲁教授打电话报警后，马上着手展开调查，他将汽艇上的其他乘客全都叫了过来，一一询问他们事发时所在的具体位置。柯恩、玛格丽特和西蒙是当时距离甲板最近的三名乘客，因此他们三个首先接受了询问。

第一个被询问的是柯恩先生，他说枪响时，自己正在舱室内写信，并且将信件递给德鲁查看。只见他的信笺上写满了密密麻麻工整清晰的小字。第二个被询问的是玛格丽特小姐，她显得很紧张。她说，自己被风暴吓坏了，她一直待在卧舱里没有出来。第三个被询问的是西蒙先生，德鲁教授注意到他的睡衣上有块深红色的斑迹。但经过调查，这块斑迹并没什么异常。而接下来的询问中，其余乘客和船员交代的位置都与案发的甲板相隔甚远，也没有什么漏洞。请问你认为以上三人中最有作案嫌疑的人是谁呢？为什么？

44. 身高破案

这天傍晚，警局接到一个报案电话，打电话的男人声称：“西大街101号住宅里有个女人自杀了。”警长艾尔带着警员匆匆赶到现场，见到报案的男子后，报案男子领着艾尔他们进入住宅。只见这间屋子的屋梁高3.5米左右，而自杀的女人身高不过1.5米，她选择的是悬梁这一方式自杀。临死前，她是踩着一个高约80厘米的写字台悬梁的。

艾尔看着这一切，不禁皱起了眉头，他回头打量了一下报案的男子，只见该男子身高大概1.8米。于是，他想了一下便果断地对随行的警员说道：“将这个报案的男子带走，他有重大犯罪嫌疑。”请问，你知道艾尔警长为什么这么说吗？

45. 可疑的子弹壳

一家酒店的客房门前，一个年轻妇女正在声嘶力竭地哭泣着，原来她的丈夫霍尔金斯刚刚被人枪击身亡了。子弹穿入可怜的霍尔金斯的心脏。当警员赶到后，年轻妇女告诉他们：“几分钟前，我听到有人敲门，于是便去开门，谁知门外站着一个头戴面具的人，我一开门，他就直接朝我的丈夫开了枪，然后把枪扔进房间逃跑了。”警员调查现场时发现，死去的霍尔金斯身后的确有一支装着消声器的手枪，左侧两个弹壳相距不远，在死者身后的墙上还有一个弹洞。不过最后，警员却将这位年轻的妇女锁定为犯罪嫌疑人，带回警局调查。你知道这是为什么吗？

46. 目击证人

沙克威尔被人杀害了，他的邻居海德当时正在自家后门廊通往后院的工具屋的小路上忙碌。在这条小路上的任何地方，海德都应该可以看见当时沙克威尔被杀的情景，他是唯一可能的目击证人，但在接受警方询问时，他却说自己什么也没有看见。

海德声称，当时的自己刚刷完油漆，但一直到他走到工具房时才发现油漆洒了一路。警长乔治根据他的口供到海德家察看现场，结果发现从后门廊到小路间，滴在路面的油漆呈圆点状，每隔两步一滴；从路中间到工具房，滴下的油漆则呈椭圆点状，间隔为五步一滴。进到工具房里，乔治发现门背后挂着把大锁。

“无疑，海德是怕说出真相后遭到凶手的报复。”乔治警长这么对同行的警员说，“但他肯定看到了这里所发生的一切！”请问，乔治警长这么说的根据是什么呢？

47. 蓄意谋杀

检察官刚走进死者斯塔尔的办公室，他的秘书卡宾就迎上前来说：“斯塔尔一定是疯了，竟然怀疑我和他的妻子有染，我告诉他一定是他弄错了。但他却歇斯底里地对我大声嚷嚷，之后竟然还拉开办公桌最上面的抽屉，拿出一支手枪对着我就开枪。幸好我没被他击中，当时情况实在太危急了，不得已，我只好采取正当防卫，使他被误杀了。”检察官看了看书桌上关着的抽屉说："我想，这一切都是你凭空捏造的吧，是你蓄意谋杀了斯塔尔！"你知道检察官为什么这么说吗？

48. 篮球场内的爆炸

一天中午，一个著名的篮球运动员在自家的篮球场馆内被杀。案发当天，外面一直下着雨，因为下一周有比赛，所以他打算在自己家中的篮球场馆里训练。可就在他刚到馆内时，馆内突然传出一阵爆炸声，他的妻子听到声音马上冲到馆内，结果发现自己的丈夫已经躺在地板上被炸死了。

案发后，警方赶到现场勘查，令罗林警探感到惊奇的是，现场除了一个篮球外，没有发现其他任何可疑的爆炸物品，也没有留下凶手逃离现场时的任何痕迹。那么凶手究竟是怎样作的案呢？

49. 蝮蛇作案

一对夫妇来到郊区采集春天的野菜。当他们来到树林时，却意外发现了一位农妇的尸体，农妇身旁的菜篮子里也装着很多野菜。二人随即报警，法医检验尸体时发现，农妇的血液里含有卵磷脂酶，这是蛇毒的一种。这种毒液进入人体的血液后，会立即夺去人的性命。而且法医在死者的左小腿处也发现了两处类似蛇咬过的牙印，后来法医推断农妇是被蝮蛇咬死的，但是接手这个案件的探长波洛却不同意法医的看法，他只提了一个日常的生活常识，大家便都点头赞同。你知道波洛说的这个日常生活常识是什么吗？

50. 售票员的发现

杰瑞和他的妻子玛丽到一个滑雪胜地去度假。不久之后，妻子玛丽被发现摔死在了悬崖下面。在滑雪胜地工作的售票员立即与当地警方取得了联系，很快，杰瑞就以谋杀罪被逮捕。之前售票员从来没有见过杰瑞和他的妻子玛丽，玛丽本人是个滑雪好手，这次的事故看起来也颇像意外，如果不是售票员提供的消息，警方是不可能逮捕杰瑞的。请问售票员是怎么发现这是一起故意杀人案的？她向警方提供的又是什么样的重要线索呢？

51. 第一现场

一个夏日，艾丽去郊游，经过河边的草丛时，她突然发现了一具尸体，尸体旁边还有一个空果汁瓶。于是她马上打电话报了警。警方赶到后，经过检验发现，那个果汁瓶壁中的残液里藏有剧毒。在警方移动尸体时，艾丽发现尸体下面正好压着一株月见草，而且还盛开着一朵黄色的小花。艾丽看着这美丽可爱的小花，陷入了思考。

后来警方经过验尸，推理出死者的死亡时间大约在24小时之前，认为死者很有可能是前一天下午在这里服毒自杀的。但艾丽却不这样认为，她坚信，即使死者是自杀，这里也不是第一现场，也就是说，尸体是被别人移到这里的。你知道艾丽这样判断的依据是什么吗？

52. 船长遇害时间

某天清晨，特勒来到海边散步，突然看见一艘船倾斜在沙滩上，此时正是退潮时间，特勒很纳闷，便走上船的甲板，结果发现甲板下方的房间内，一位船长倒在血泊之中，胸口上插着一把匕首，手中紧握着一份被撕破的旧航海图，而在他躺卧的床头边，还竖着一根已经熄灭的蜡烛，蜡烛的上端呈水平状态，船长应该是在点燃蜡烛看航海图时被害的，凶手杀死船长后就吹熄了蜡烛，趁黑逃跑。

特勒看后赶紧报了警。警探来了之后，特勒就和警探们一起寻找起线索来。“这艘船大约是昨天中午停泊在这里的，即使在白天，船舱里的光线也很暗，因此船长被害的时间不一定是在晚上……”警探根据现场的观察，对船长遇害的准确时间感到很棘手。“船长被害的时间就是昨天晚上9点左右。”突然，特勒干脆利落地说道。你知道特勒是根据什么做出如此判断的吗？

53. 谁是真凶

在一艘正在太平洋上航行的豪华客轮上，一位女服装设计师被人谋杀了，根据调查，警察在客轮上锁定了两个作案嫌疑人：一个是被害人的儿子，他因为嗜赌如命，欠了别人一屁股的债；另一个是被害人的秘书，她由于侵占公款，刚被革职不久。

你知道这两个人之中谁是真凶吗？

54. 鲜红的掌印

一间公寓里发生了凶杀案，一个画家在卧室里被人用刀刺死了。卧室的墙壁上清晰地印着一个鲜红的手掌印，五个手指的指纹清晰可辨，经辨认，这个手掌印不是画家本人的。警探由此判断这个手掌印是凶手的，可是同行的法医却直接否定了这一说法，认为这是凶手故意留下来误导警探的。你知道法医为什么会这么想吗？

55. 女秘书报案

一个女秘书打电话报警称，自己在和住在酒店里的总经理通电话时，突然听见话筒里传来枪声，然后听到总经理的呻吟声和凶手逃走时的脚步声。警员赶到总经理下榻的酒店，发现总经理果然中枪身亡，地毯上全是他的鲜血，于是警员下令将女秘书缉拿归案。你知道这是为什么吗？

56. 毒蘑菇事件

某警探新接了一宗案子：一个经常在野外进行地质考察的学者，在草原考察时因误服了毒蘑菇而意外死亡。这名警探到达现场后发现，学者躺在大树底下搭的帐篷里，他的学生正在接受警方调查，他声称自己和老师一起出来考察，昨天晚上住在这里，结果今天一大早就发现老师死了。最终，该警探认定这个学生在撒谎，你知道他是怎么得出这个结论的吗？

57. 遇害的丽丽小姐

某旅馆里发生了一起凶杀案，死者是丽丽小姐。警察告诉侦探杰克，丽丽刚和一个船长订了婚，而船长昨天出海去了。丽丽平常都住在市郊的一套豪华公寓里。杰克问是否还有其他线索，警察告诉他，有个叫汤姆的小伙子，一直狂热地追求着丽丽。杰克来到汤姆家，问他是否知道丽丽被杀的消息。汤姆连连否认，杰克一边听汤姆解释，一边摸口袋中的笔，结果发现笔掉在了现场，他对汤姆说："我把金笔掉在丽丽那了。这会儿我还要赶去船长那边调查取证，你能不能帮我把笔取回来后送到警察局？"汤姆犹豫了一下，还是同意了。半个小时后，汤姆在案发旅馆被抓。你知道杰克是如何认定汤姆就是凶手的吗？

58. 死亡之谜

K市长去炼钢厂视察时，竟然走进了冷却池中，然后溺水而死。据目击者称，他走入冷却池中时，步态十分自然，而且在事故发生前的几分钟，工厂的通风设施和风扇停了一会儿，市长出事故的地方似乎有光闪了一下。经过搜查，警方发现K市长身上除了一部手机外，没有携带其他特殊的物品。请问：你能推测出凶手是如何作案的吗？（提示：冷却池的水很浑浊，透明度极低。）

59. 拖鞋上的头发丝

一名男子死在自己家里的床底下，床边摆着一双拖鞋，拖鞋旁边有一把带有该男子指纹的手枪。警察由此推测，这个男子可能是自杀。但当警长仔细观察了那双拖鞋，并发现其中一只拖鞋尖上粘了一些头发后，立刻断定该男子是他杀。请问这是为什么？

60. 谁是凶手

一天上午，怀特和布鲁斯去看望金姆森太太，老太太是个孤独的老人，一个人住在郊区的别墅。两人到达后，发现门是虚掩着的，推门一看，金姆森太太早已遇害，而看上去，她已经遇害多日了。整栋别墅被洗劫一空，毫无疑问，凶手是为财害命。怀特和布鲁斯立即打电话报警，在等待警察到来的时间里，他们坐在别墅前的台阶上，看到送来的报纸早已堆满了整级台阶，而别墅的台阶下，还放着两瓶牛奶，已过期多日，聪明的怀特立刻知道了谁是凶手。你知道吗？

61. 伪装自杀

这天，警局接到报警，说有人在家里自杀身亡了。警长和助手赶往现场后发现，死者躺在床上，全身盖着毛毯，头部被枪射中，手枪扔在地上，床头上放着一张纸，上面写着："我因为赌博而负债累累，只有一死了之。"助手问警长，能否断定这是一起自杀案时，警长没有说什么，只是走到床边，揭开死者身上盖的毛毯。助手顿时明白了，死者是被他人所杀。

你知道这是为什么吗？

62. 警长

又到了深秋，森林公园里落叶纷纷，但在公园的深处，有人发现一个老板模样的中年男子死在了一辆敞篷车内，车上有少量树叶。警方没有发现什么可疑线索，只在死者手边发现了一个氰化钾小瓶，因此初步判断他是自杀。法医查看尸体后，向警长报告说这个人已经死了两天以上，于是警长立即下令封锁现场，要求警员务必反复勘探现场，找到附近的脚印进行追踪，果然，有细心的警员发现了蛛丝马迹，并很快将凶手缉拿归案。请问，警长是怎么认定这不是自杀，而且罪犯没有逃远的呢？

63. 可怕的凶手

这天，警探卡尔新接手了一桩桃色谋杀案，一个漂亮夫人于自己家中被害。案发时间是当天下午2点半到3点之间。警方经过调查，锁定了两名嫌疑犯，一个是死者的丈夫，他们夫妻俩的感情不太好，而且大家都怀疑这个女人有外遇。另一个是邮递员，他在给人送邮包的时候，有不少妇女都曾声称遭他调戏。现场的指纹和足迹均遭到破坏，只在门外的地上找到一支吸过一两口的烟头，可惜烟头被人用力踩过，也没能留下什么有价值的线索。听完警员的汇报后，卡尔立刻知道了谁是可怕的凶手。

你知道了吗？

64. 一氧化碳中毒

一对老夫妻被人发现死在自己临街的寓所里，死因是一氧化碳中毒。煤气公司的人检查过现场后发现，虽然这对老夫妻家中有煤气管道，但是并没有开启，也不存在泄漏的问题，他们不明白夫妻两人为何会中毒。一个邻居反映，前一天夜里他曾听到附近有一辆汽车的引擎响了很长时间。前来调查的警探听后立刻明白了凶手是如何作案的。请问，你知道吗？

65. 他杀假象

某国的将军在发动政变未遂后，被当局软禁在别墅内，并有卫兵看守。将军因外逃无望，整天只能与他的爱犬为伴，渐渐产生了自杀的念头。但他想故意将自己的自杀伪装成被害的假象，以此来嫁祸掌权的政敌。

这天早上，当卫兵打开紧锁的房间时发现，将军早已死在了床上，他的颈部被刀割断动脉。但是卫兵在遍查了室内的冰箱、电视等物品后，均没有发现什么异常，也没有发现任何凶器。

将军房间的地板上只有一个被打开的杀虫剂罐，气味十分强烈。而将军的爱犬不在室内，卫兵猜测小狗也许是通过墙壁上的狗洞离开的，但那个狗洞根本无法让凶手钻出去。

后来卫兵在花园里发现了小狗，又在大树下发现了一把小刀，但刀上没有任何血迹，只是刀柄上系了一条细线。在狗尾上也系有一条粗线。卫兵百思不得其解，只好据实上报是他杀，结果引起了社会上的很大震动。

你知道将军是怎么把自杀伪装成他杀的吗？

66. 作案的时间

一个建筑公司的老板被人杀害后死在自己的别墅中。警方赶到现场后发现，被害者死前和歹徒发生过激烈的打斗，房间里的台灯、烟灰缸、花瓶……掉得满地都是。法医初步判断，该老板死于两天前。“要是墙上的挂钟没有掉下来的话，就能知道凶手准确的作案时间了。”法医对警长说道。警长将挂钟捡起来，发现挂钟并没有摔坏，只是中间的齿轮卡住了。于是他将挂钟调好了以后重新挂上，顺势看了看自己的手表：时间刚好是下午3点。没过多久，挂钟自动报时为21点。警长再次看了看自己的手表，刚好过了15分钟。于是，他马上向法医说出了凶手作案的准确时间。你能说出这个时间吗？

67. 蓄意谋杀

深夜，警局接到电话报警，电话中的人称自己出于正当防卫，将另一人击毙。警察赶到现场后发现，死者左胸中弹，右手中紧紧握着一把枪。汽车前的挡风玻璃上有两处弹痕，右边的弹痕是从车外射击的，而左边的弹痕则是从车内发射的。警察立即将报警人抓捕了起来，理由是他撒了谎，他不是出于自卫射击的，而是有意谋害死者。请问，你知道警察为什么这么认为吗？

68. 软件专家的电脑

托尼是位软件开发师，近来他的运气很差，因为连续几次开发软件都失败了。老板已经多次暗示他，再这样下去就解雇他。为此，托尼压力很大，想到自己之前付出的努力和目前的处境，他感到心灰意冷，所以请了假后就躲进了自己市郊的别墅里。过了几天，老板给他打电话，结果发现他的手机打不通，他家中的座机电话也打不通，老板担心他出了什么事，就派人去别墅看他，结果去的人发现，托尼死在了自己的笔记本电脑旁，于是便立刻向警方报了案。警长来到别墅后，发现托尼的电脑是开着的，屏幕上显示的是一份遗书，桌上还放着一杯没喝完的咖啡。经检验，咖啡里掺了毒。另外，警长发现地上的电脑电源并没有插上，托尼的死亡时间大约为两天前。最后，警方确定这是一起谋杀案，而不是自杀。请问，警方为什么会这样定案呢?

第二章 答案

1. 布朗事先把钱扔在地上，等吉姆回来发现硬币弯腰去拾时，他便从二楼窗口朝下射箭，所以能正中吉姆的背部。

2. 凶手拿出胶制的毒药，谎称是安眠药，给死者服下。在胶尚未化掉时，凶手就先行离去，所以有了不在场的证据。

3. 这么一具高大的尸体，还绑着这么多沉重的铁饼，显然是无法一次性拖动的。原来为了毁尸灭迹，这个司机先将女尸装入布袋抛入大海，然后再将铁饼逐个绑在装有尸体的布袋上。为了达到目的，他不惜一次次潜入水里，将铁饼逐个绑上。这个凶手的耐心实在了得，只可惜“天网恢恢，疏而不漏”。

4. 细心观察是最重要的，有时甚至能够挽救自己的生命！很多闹钟都在指针上涂有荧火粉，以方便晚上醒来的时候察看时间。如果荧光粉长时间没有被光线照射过的话，荧光会非常暗淡，甚至看不到，而刚刚被台灯光线照射过的荧光粉则非常明亮，所以凯乐一进门，看到闹钟指针上的荧光很明亮，就知道有人来过了。

5. 烧毁的吉普车上，油箱的指针正指在零的位置，表明吉普车在翻下谷底之前，油箱里已经没有油了，不可能引起大火，这一点暴露了翻车是人为制造的假象。

6. 假设制片人说的是谎话，他说“司机没有杀死苏珊”，则推出司机杀死了苏珊；但司机说制片人说的是真的，即说谎话是真的，推出司机说的不是真话，这与真正的凶手说的是实话不符，因此假设不成立。

因上述假设不成立，所以推出制片人说的是真话，司机不是杀死苏珊的凶手；由此可以推出男主演说的是假话，根据真正的凶手说的是实话可以推出，男主演也不是凶手；所以真正的凶手是制片人。

7. 根据已知条件，珍妮与凯特的话相互矛盾，或者是珍妮说谎，或者是凯特说谎，属于不相容的选言判断，只能是一真一假。先假设珍妮说的是真话，推出凯特杀死了罗本，从而推出薇薇安说的是真话，这就出现两个女人说了真话，与“只有一个女人说了真话”的已知条件不符，因此，珍妮说的是真话的假设不成立，从而推出珍妮说的是假话。根据这个推理，珍妮说的是假话，推出凯特说的就是真话，所以其他女人说的都是假话，薇薇安说：“我没有杀人，我是无辜的”是假话，所以推出薇薇安杀死了罗本。

8. 经纪人报警时称是秋子先给自己拨的电话，而他在电话里听到了秋子被害的声音，于是挂掉电话报案，如果是这样，秋子家的电话就会发出长音，而不是嘟嘟嘟的短音。可见他撒了谎，而他之所以要撒谎，只有一种可能，那就是他就是杀害秋子的凶手。

9. 思维定式是侦探最大的敌人。在海水中溺死是一条重要的线索，同时它也在暗示警察案发地点是在海边，而特里拥有不可能作案的时间证据。实际上，如果仔细思索一下就可以知道，并不是被海水溺死就一定发生在海边，如果有足够多的海水的话，在浴缸里同样也能作案，然后放掉海水，装满淡水，这只需要10分钟就足够了。

10. 格伦听到后门的声音，证明桑尼的确在命案发生前回到了家，并且被电线绊倒了。这样，扯出插座的电线，就又证明了桑尼说的是实话。可是，既然桑尼摔倒，扯出了电线，正在修车的比尔的就应该突然陷于黑暗之中，可比尔却没有向亨利提到他的电灯忽然间熄灭，这是因为此时他正悄悄地上楼，杀死了哈里，电灯熄灭他根本不知道。

11. 凶手是从右边这条路逃跑的。因为通常骑自行车的人，身体的重量大多在后轮上，所以在平坦的路上或下坡时，前轮的痕迹浅，后轮的痕迹深。在上坡或是快速骑车时，由于骑车人必须朝前弯着腰，使重心落在车把上，前轮和后轮的痕迹就大致相同了，而右边的痕迹正是这样，所以凶手是从右边逃走的。至于左边的痕迹，其实是其他人骑车下坡时的痕迹，不是凶手留下的。

12. 詹姆斯把生鸡蛋浸在酸中一段时间，然后将小钢针慢慢刺入蛋里。这时蛋壳的石灰质被酸浸解，变得软而略带韧性。钢针刺进时，蛋壳不会爆裂。待钢针完全刺入蛋内，蛋壳便自动封口，这时再将蛋拿出来，让酸挥发掉，鸡蛋就和正常的鸡蛋一样了。

13. 奥尔森的手表不可能是在搏斗中摔坏的，因为奥尔森是被人从背后刺死的，所以，手表上的时间只是假象。现场的混乱和咖啡也是假象，因为实际上没有任何搏斗。最后，纸杯上只有约瑟夫一个人的指纹，可是玛丽明明告诉警察是自己把纸杯扔进废纸篓的，纸杯上理应有她的指纹。所以，是她戴上手套，用毒刺刺死了奥尔森，然后伪造现场，想嫁祸于约瑟夫，却不小心露出了马脚。

14. 艾伦只在水果刀的单面上涂了氯化钾，在切苹果时，艾伦把沾有氯化钾的半个苹果故意给了布伦特。

15. 这是一个简单的常识：人体血液中盐的含量远远超过动物血液中

盐的含量。西科尔只要用他敏感的舌尖品味一下两行血迹的味道，即可迅速判断逃犯的方向。

16. 汽油燃烧后的产物是有毒气体一氧化碳。由于里昂在发动机运转并开启空调的情况下使门窗紧闭，发动机排出的一氧化碳在车内越积越多，死神也随之悄悄地降临到了他和他女友的头上了。

17. 不是。一氧化碳是一种无色、无味的气体，进入人体后能迅速“剥夺”氧气和血红蛋白结合的能力，使人全身的细胞都出现缺氧的中毒状况。内维尔在屋子里长时间地烧炭炉取暖，产生了大量一氧化碳。由于天气寒冷，门窗紧闭，屋子里空气不流通，结果高浓度的一氧化碳使他中毒死亡。

18. 管理员知道妮可是盲人，她从不乘坐电梯，每天都是走楼梯，突然停电对她并没有丝毫影响，怎么会需要男子搀扶？所以男子的话有假，他可能就是杀害妮可的人。

19. 因为旅馆离湖有1500米，如此长的距离，即使用长跑的速度也得5到10分钟。在零下5℃的天气里跑步，这些时间衣服早就结冰了。而凶手的衣服是湿的，可见他在说谎。

20. 死者说出那种话后绝对不会停止录音，停止录音的也绝对不是死者老公，因为如果她老公发现桌子上有台录音机，一定会听这台录音机里的录音，这样这段录音就不会被探长听到了。显然，这是死者故意想以此诬告自己的老公而准备的。

21. 古老的日式房子里的榻榻米是用木板铺成的，而且木板和地面之间有一定的距离。凶手杀人之后故意将门窗从里面锁紧，然后掀开一块榻榻米上的木板，小心翼翼地钻到房子下面，然后使木板恢复原状，自己就可以从地下逃走了。

22. 吉姆看到的就是凶手。凶手是个圆脸的人，但由于吉姆是在窗户细长的缝隙中看到凶手迅速地走动，所以看到的就是细长的脸了，这只是吉姆的错觉。

23. 地上的水就是最好的线索，犯人将服安眠药后昏睡的被害人拖到厨房，将一头被冰封的塑胶管接上管道石油气出口，然后打开开关，关好门窗离开，这样一段时间后冰化成水，石油气漏出，致使被害人推迟了死亡时间。

24. 应该是他弟弟。男教师倒在离家门口很近的窗前，说明他是开门后遭到了突然袭击。如果是学生家长敲他的门，男教师应该会穿上衣服去开门，只有看见是自己的弟弟敲门，才有可能赤裸着上身就去开门。

25. 马克盘旋时是按照三角形路线飞行的，每两分钟向左飞行划一道，这是航空求救信号，这样，基地雷达就会发现，随即派出救生机。

26. 因为如果按照亨特的说法，家里四天来一直没有通电，那么他又怎么可能喝上加了冰块的威士忌呢？显然，这是他编造出来的谎言。

27. 如果查理将遗书放在座椅上，然后打开舱门自杀的话，遗书会被气流卷走，即使还留在机舱内，但起码不会好好地还放在座椅上。

28. 只有灯在身后，身子遮住了光，才会在窗户上呈现出影子，所以威廉在说谎。

29. 从屋外是不可能看到阁楼上富翁踢倒凳子的。

30. 凶手只可能是A，因为警方判断凶手是利用自己身边的工具作案的，而约翰又是被凶手用硬物击中后脑受重伤致死的，只有A带有可致人于死地的凶器，那就是狗链，只要将狗链绕在手上，就成了可以一击致命的硬物了。而B、C带的是毛衣针和画笔，是不可能成为这样的凶器的。

31. 如果凶手不是亨利，他是不可能直接走到漆黑看不太清的房间里开灯而不踩到就倒在过道的约翰教授的尸体的。他能准确地绕开约翰的尸体进入房间，恰好说明他就是作案的真凶。

32. 警长特拉在电话里并没有告诉史密斯是他的哪一个妹夫被谋杀了，但是史密斯却一口说出了司各特的名字，可见他就是凶手。

33. 凶手应该是电报局的职员。因为普通人在交代时间的时候不会刻意用18点30分这样的表述方式，只有电报局的职员出于职业习惯会这样说。

34. 露丝自称血迹是“刚才在华盛顿身上蹭到的”，可那时华盛顿已经死了七八个小时了，血迹早已经干了，是不可能蹭到她的袖子上的。

35. 凶手不会是弟弟。因为AB型血和O型血的人结婚，生下的子女是不会有AB型血的。

36. 因为奥斯卡他们4人当时围坐在方形桌上用餐，而侍者说他们之中确有一个人是凶手，且只有一个人说了谎，所以根据他们的交代，佐拉说的是“我坐在伊万的对面”，而奥斯卡说他坐在布莱特的旁边，不是布莱特就是佐拉坐在他的右侧，布莱特说他坐在佐拉的旁边，不是奥斯卡就是佐拉坐在伊万的右侧，假设佐拉说的是谎话，那么奥斯卡和布莱特的话就成立了，他们的坐法依次是奥斯卡、伊万、佐拉和布莱特，但如果假设佐拉说的不是谎话，则奥斯卡和布拉特就都说了谎话，这和侍者提供的线索不符，所以说谎的只能是佐拉，是他毒死了伊万。

37. 由于年龄最小的和死者是异性，可以推出死者不是年龄最小的。从犯比死者年龄大，可以推出从犯是父亲或者母亲。年龄最大的和目击者是异性，而父亲的年龄最大，所以可以推出目击者是女性。从犯和目击者是异性，所以从犯是男性且是父亲。如果死者是女性，那么由年龄最小者和死者是异性，可以推出年龄最小者是男性并且是凶手，但由于条件“凶手不是年龄最小的”，所以死者是男性，即儿子，而年龄最小的就是女性，即女儿。同样，因为凶手不是年龄最小的，所以凶手是母亲，女儿才是目击者。

38. 凶手是维修电话的工人，他在电话听筒内安装了子弹发射装置。待他离开房间后，他就给房内拨打电话。当这位重要人物拿起电话时，电流接通，子弹就可以从里面发射出来。所以门虽然是反锁着的，但重要人物却还是中弹身亡了。

39. 因为收录机既然能录下枪声，那么应该也能录进挂钟的报时声了。如果案发时间真的是10点零6分，那么之前录音里就应该有10点的时候，挂钟的报时声，探员们根本不需要再向电视台去确认。所以由此可以得出，凶手是在其他现场一边录音一边杀害被害人，再将尸体和录音机一同移到这里，制造作案现场的假象的。

40. 因为威廉姆斯家的狼狗一整晚都没有发出特别的吼叫声，说明案发时并没有闯入所谓的强盗，只有威廉姆斯自己在家。

41. 椰蟹是生长在海岛上的一种陆生寄居蟹。它有一种习性：白天钻进海岸的洞穴不出来，直到晚上才出来活动。所以，它不可能在白天的午后爬上椰树剪掉椰子。这是有人故意将谋杀伪装成意外。

42. 利用排他法可以找到答案。首先，死者没有被麻绳勒过的印记，又不是窒息而死，那么绳子就可以排除。其次，死者没有中毒，毒药也可以排除。由于死者的前额有一个被撞击过的伤口，显然，石头作案的嫌疑最大，但死者伤口上没有泥土，说明石头也应该排除。那么剩下的只有匕首了，又因为尸体上没有刀伤，所以说明凶手应该是利用匕首的柄部撞击死者，从而致使被害者失血过多而死的，所以匕首是真正的凶器。

43. 柯恩的嫌疑最大，因为当时汽艇在风暴中颠簸前行，在那样的情况下，应该是不可能写出工整清晰的小字来的。

44. 因为凭借女人的身高和那个80公分高的写字台，她是根本没有办法将自己悬挂到3.5米左右的房梁上去的，而报案的男人身高高达1.8米，则完全可以在杀害了这个女人后，将其悬挂到房梁上，再故意伪装成是女子自杀的场景，加上报案男子是第一个发现死者的，所以他的嫌疑最大。

45. 如果真像年轻妇女所说，凶手是在门外朝她丈夫开的枪，那么弹壳是不会落在房间里的，也不会落在枪支的左侧。因为从自动手枪里飞出的弹壳应该落在射手的右后方才对。

46. 地上的油漆痕迹告诉乔治，海德走到路中间时，看到了凶杀情景，于是他跑进工具间将自己反锁在里面。工具屋里的挂锁和路中间至工具屋的油漆痕迹变成椭圆形，并且每滴油漆间隔拉大都是很好的证明。

47. 卡宾说斯塔尔冲动地拉开抽屉，拿出手枪抢先向他射击。但是检察官在现场看到的书桌的抽屉都是关着的，斯塔尔无论如何也不会先关上抽屉再开枪，或者拿出了手枪再将抽屉关上，所以他在说谎。

48. 凶手事先将一颗震动炸弹安置在篮球里，篮球运动员一拍球，炸弹就发生了爆炸。

49. 春天没有蝮蛇，蝮蛇还在冬眠。

50. 杰瑞在买票的时候，去程买的是双人票，但回程却只买了一张票。

51. 因为月见草只有在晚上才会开花，如果死者真的是前一天下午在这里自杀的，那么压在死者身下的月见草就不应该是盛开的了。

52. 特勒是从蜡烛的熔化情况来判断的。由于蜡烛的上端熔解部分呈水平状态，说明船在触礁倾斜时，蜡烛还在燃烧。海水的涨潮和退潮总是隔着6个小时，船被发现时是早上9点左右，此时恰好退潮，由此可以推算，这次退潮至上次退潮之间，只涨过一次潮，所以得出凶手是在昨天晚上9点左右动的手。

53. 真凶是被害人的儿子。因为客轮在太平洋上行驶，凶手如果是为了报复，完全可以将尸体抛到海中隐藏自己的罪行，但是凶手没有这么做。又因为法律规定，在失踪人失踪期间，失踪人的财产是不能被继承的。这说明凶手是为了继承被害人的财产才谋杀被害人的。

54. 因为当手掌贴在墙上时，拇指和其他四个手指不同，是侧面贴着墙的，所以正常情况下，拇指的指纹不会全在墙上印出来的。但案件中提到五个手指的指纹清晰可辨，这就说明这个掌印是有人故意印上去的。

55. 因为酒店地上有地毯，女秘书不可能从话筒里听见凶手逃跑时的脚步声，所以真相只有一个，那就是女秘书参与了作案。

56. 有经验的野营者搭帐篷不会选在大树底下，因为如果遇上下雨的天气，在树下很容易遭电击。

57. 因为如果汤姆是无辜的，他会前往丽丽所住的公寓，而不是旅馆，只有凶手才知道丽丽死在旅馆里。

58. 凶手躲在冷却池的正上方，把一张道路的照片用强力投影仪投射在冷却池水面上，导致市长误认为前方依然是道路，使他自然而然走入池中，而罪犯之所以要关闭通风设施是为了避免风使水面产生涟漪而导致其露馅。

59. 因为死者是个秃子。

60. 凶手是送牛奶的人，因为牛奶只有两瓶，而报纸却有很多。只有知道老太太已经遇害，送牛奶的人才不再到这里送牛奶，而送报纸的人显然不知道这一点，所以每天仍然准时把报纸送去。

61. 死者如果自杀，是不可能全身被包裹在毛毯里的，至少他拿手枪的手要留在毛毯的外面。

62. 警长是通过落叶分析出来的，落叶的季节，如果车子在森林里停放了两天，敞篷车内一定堆了很多落叶，但是现场车上落叶很少，所以证明车子停放在这里的时间不长，而在现场，罪犯只能徒步离开，所以一定会在森林里留下脚印且走不了多远。

63. 凶手是邮递员，不熟悉的人，在要访问的对方门前要将刚点燃的烟扔掉，这是因为叼着烟去陌生人家里不礼貌。如果凶手是死者的丈夫，那他是不会将只吸了两口的烟扔在门外的，他会毫不在意地叼着烟进屋。

64. 凶手把汽车排出的废气从临街的小窗中引入室内，废气中含有一氧化碳，于是夫妻两人因此中毒身亡。

65. 将军很早以前就用冰箱制作了方冰块，里面冻结了两段线。一根细线系上小刀，再把另一根粗线系在小狗的尾巴上。将军在割喉后，立即把刀上的血迹擦掉，又迅速打开杀虫剂罐，强烈的气味迫使小狗从小洞内跑出房间。后来冰块融化，这才使小刀丢落在大树旁，造成了将军被人杀害的假象。

66. 警长将挂钟挂回墙上，挂钟继续正常走动，15分钟后报时为21点，说明挂钟落下被卡住应该是两天前的晚上，具体时间为20点45分。

67. 理由是死者如果先行射击，应该会从右边窗户开枪，因为这样才顺手，但子弹痕迹却显示，死者是从左边窗户开的枪，这只有一种可能，那就是凶手从后面先开了枪，死者出于自卫探出车窗回头开枪。

68. 屏幕上显示的虽然是一份遗书，但电脑的电源没有插上，说明笔记本电脑使用的是内存电池，而这种电池的最长工作时间一般不会超过10个小时，但托尼的死亡时间是两天前，那么按理说，电脑早就应该没有电了，但电脑还是开机状态，说明是有人谋杀了托尼，然后利用电脑上的遗书制造他自杀的假象。

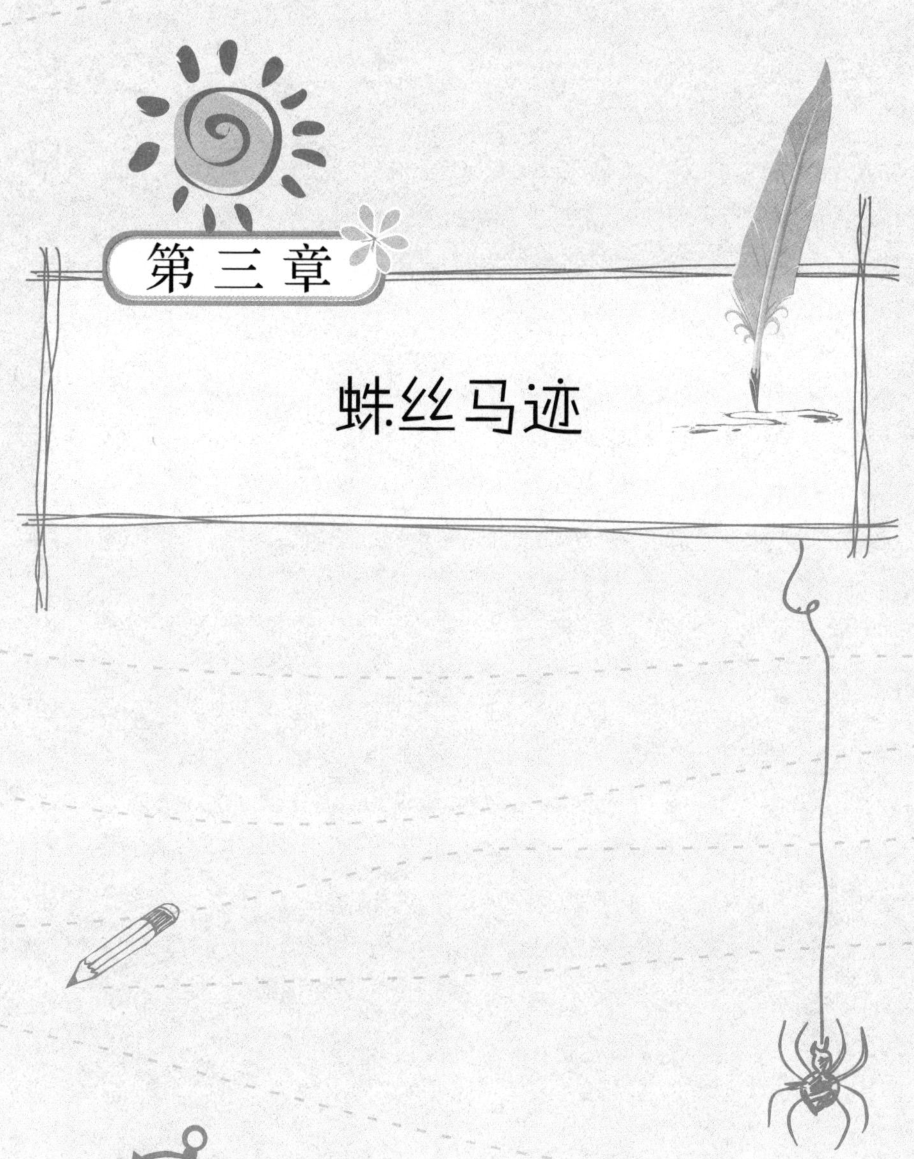

第三章

蛛丝马迹

1. 犯罪证据

杰克经过深思熟虑想出了一个报复吉利的办法。“还下着雨……今晚就是个好机会。呵呵！”夜深后，杰克爬上吉利家正后方的建筑物顶上。没过多久，随着“咣”的一声巨响，吉利的小木屋就倒塌了。

第二天早上，吉利从昏迷中醒过来。虽然侥幸逃过一死，可是吉利已经浑身是伤，而且还得了感冒，浑身疼痛。吉利报了警，把事情从头到尾跟警察说了一遍。

“昨天晚上，不知是谁从高处扔了什么东西下来把我的房顶砸烂了……”“可是，我们没有找到任何的证据。如果有什么东西砸下来的话，总该有碎片吧……”警察摇着头做出无奈的表情。

“请你们一定快点抓住罪犯，好吗？”“我们当然会尽力的，可是这件案子一点头绪也没有……”你能帮忙侦破这个案件吗？

2. 行刺手段

一天早晨，侦探在自家附近的公园里散步时，发现空地中央仰面躺着一个年轻女子。该女子已经死了，其左胸上插着一把细长的没有把手的日本刀，侦探推测她大概被刺中后没走几步便气绝身亡了。

清晨刚刚下过雨，地面仍湿漉漉的。可是，令人感到奇怪的是，以尸体为中心半径25米的范围内，只留有被害人高跟皮鞋的鞋印，却不见凶手的足迹，而且四下里都找不到那把刀的刀鞘。所以可以推测，既不能认为被害人自己拿着一把没有把手的日本刀刺进自己的胸膛自杀，也不能认为凶手把刀拴在25米长的竹竿或木棒一端行刺。

那么，凶手究竟是用什么手段行刺的呢？这个案子就连老谋深算的侦探也思考了良久。当他注意到日本刀没有把手时才恍然大悟，进而识破了凶手巧妙的作案手段。请你也当一次侦探，把这个案子推理一下。

3. 海洛因的秘密

深夜，一家综合医院里，罪犯潜入药房，从装有众多药瓶的药品柜里盗走了一瓶海洛因。保安人员发现后，拼命地和罪犯展开搏斗，情急之中，罪犯用匕首刺死了保安人员逃跑了。

经调查，警方找出两个嫌疑人：一个是刚来医院不久的实习医生，另一个是前几天才住进医院的患者，这名患者是在下地干农活时被毒蛇咬了后负伤入院的。你认为他们两个人之中谁最有可能是罪犯？

4. 遗书上的签名

杰克是一个职业杀手，这一次，他受雇谋杀一位百万富翁。雇主要求杰克在杀死富翁后，把现场伪装成富翁自杀的模样。他还给杰克准备好了一张纸，上面有富翁的亲笔签名，好让杰克在杀死富翁之后，伪造出一份遗书。

深夜，杰克潜入富翁的家，开枪打死了富翁。然后，杰克把手枪塞在富翁的右手，把那张带有富翁签名的纸塞进了屋里的打字机，伪造了一份遗书，然后满意地离开了。在整个过程中，他一直带着橡胶手套，因此不必担心有指纹留下。

第二天，清洁女工发现了富翁的尸体后，立刻报了案。警方在现场勘查后，判定这是一宗谋杀案。警方认为，虽然遗书上的签名确实是富翁的亲笔签名，但上面的文字却并非他本人所打。请问：警方是怎么知道这一点的呢?

5. 导演凶手案

上午10点，某公寓二楼传出“砰”的一声枪响。接着一个持枪的蒙面大汉冲下楼乘车逃跑了。罗波侦探接到报告，立即赶到现场。

现场一个男人倒在地上，额头中了致命的一枪。根据现场情况可以看出被害者是在开门前被隔着门的手枪击中的。经公寓管理员辨认，死者不是该房间的居住者吉姆，因为吉姆是个轻量级职业拳击手，身高只有1.5米，而死者身高足有1.8米。

由于不清楚死者的身份，只好取他的指纹进行查找。没想到死者竟是前几天从M银行里席卷500万元巨款而逃的通缉犯鲍伯。

罗波侦探来到拳击场找吉姆。吉姆一听鲍伯被杀，面色陡变。他说鲍伯是他的中学同学，昨夜突然来他家借宿，不想当了他的替死鬼。

查理斯警长听说“替死鬼”三个字，连声诘问：“怎么，有人想杀害你？”吉姆回道：“正是！上周拳击比赛，有人威胁我，要我故意输给对手，然后给我50万元，不然就要我付出代价，而我拒绝了。他们一定是把鲍伯当成了我……”没等吉姆说完，罗波侦探说：“不要再演戏了，是你导演了这幕凶杀案，目的是想夺取鲍伯从银行盗来的巨款！”

你能猜出罗波侦探是怎样识破吉姆的吗？

6. 重要证据

一天晚上，建筑商波恩在家中独自饮酒。突然，一个杀手从窗户跳了进来，对波恩说："波恩！我受人之托，今天要杀了你！"说着便从怀里掏出手枪，准备用颤抖的手扣动扳机。波恩却若无其事地说："朋友，咱俩无冤无仇，是谁请你杀我的？"

"这个你不必知道。"

"好！我出三倍的价钱买我的命如何？"

杀手一听有高于原先价格三倍的出价，立刻露出了贪婪的目光。波恩见状，便取了另一只酒杯，斟上了酒，对杀手说："要不要来干一杯？哦！喝酒不会影响你的技术吧？"杀手接过酒杯喝了下去，但手依然紧扣在扳机上。波恩接过杀手的酒杯，走到保险柜旁，说："钱在保险柜中，我现在就给你拿。"杀手用枪顶住波恩的后脑勺说："不许耍花招，否则让你脑袋开花。"

波恩打开保险柜，取出一个厚厚的信封放在桌上，趁对方不注意，迅速将保险柜钥匙和酒杯放进保险柜中，锁上了保险柜。这样一来，保险柜就打不开了。杀手发现那个厚信封里装的不是现钞，正要发火，波恩转过身来，笑着说："先生，现在你不敢杀我了，因为保险柜中锁着你留下的重要证据。"杀手见事已至此，只得落荒而逃。保险柜中锁着的是什么证据呢？

7. 露出马脚

无赖雪特打听到海滨别墅有一幢房子的主人去瑞士度假，要到月底才能回来，便起了邪念。他找到懒鬼华莱，两人决定去碰碰运气——对别墅进行偷窃。

两天后的一个夜晚，气温降到了零下5℃，雪特和华莱潜入了别墅，撬开前门，走进屋里。他们发现冰箱里装满了食物，于是他们当即拿出两只肥鸭放在桌子上化冰，准备先饱餐一顿。可几个小时过去了，肥鸭竟无二样。于是雪特点燃了壁炉里的干柴，屋子里暖和多了，然后他们支起火架开始烤鸭。接着，他们一边坐在桌边转动着烤得焦黄、散发着诱人香味的肥鸭，一边把电视打开，将音量调得很低，看电视里的综艺节目。突然，门铃响了，两人吓得跳起来，面面相觑，不知所措。门外进来了两个巡逻警察，站在他们面前，嗅嗅烤鸭的香味，晃动着两副叮当作响的手铐准备抓捕他们。请你判断一下：他们究竟在什么地方露出了马脚？

8. 可靠的证据

有一对兄弟在伦敦经营着一家小珠宝店。忽然有一天，他们的一个堂弟从远方来投靠他们，于是这对兄弟就让堂弟到店里帮忙，顺便照顾他，可是心怀不轨的堂弟却计划把平日与他合不来的二哥杀死，并准备偷走店中的珠宝后逃走。

他和二哥长得几乎一模一样。一天，他假装大哥的声音，从外面打电话给二哥，将二哥骗出去杀害了，然后他把尸体投入水井之中，并且把二哥所穿的衣服藏起来，到了半夜，他偷偷地进入珠宝店，把现款、珠宝及二哥的旅行支票拿走。第二天是礼拜天，珠宝店公休，他就把头发染成与二哥一样的金黄色，穿上二哥的衣服，带着二哥的旅行支票出发了。

在他出发前，他首先将珠宝放到挖空的书本中，然后以自己为收件人把书寄出去；接着用二哥的旅行支票，搭船渡过多佛海峡，并且尽量地引人注意。最后，他再以自己本来的面貌回到伦敦。

星期一，大哥来到珠宝店时，发现现款、珠宝被偷，老二失踪，他大惊失色，连忙报警。伦敦警察局的科尔警长奉命调查此事。老大对警长说，老二平时生活虽然不太检点，但是珠宝的产权有一半是老二的，所以不可能是老二偷走了现款。科尔警长认同他的说法，现场留下的线索虽然对老二不利，可是科尔认为老二是无辜的，最大的嫌疑犯就是堂弟了。科尔警长在珠宝店中仔细地搜查，最后发现了可靠的证据。

请问，科尔找到了什么证据呢？

9. 树叶上的血迹

一天，一家工厂的电话接线员摔死在工厂的电话室楼下，警长接到报案后，立即带领助手赶到了现场。两人到现场一看，发现二层总机值班室的窗户大开，看似死者是从楼上摔下来的，死者手中还抓着一条湿抹布。二人来到楼上一查，发现电话总机值班室的暗锁和插销都完好无损。两人又来到楼下，只见越来越多的围观者都在窃窃地议论着，一些人还大声地说死者一定是在上面擦洗玻璃时不慎失足掉下来摔死的。

难道死者真的是摔死的吗？警长让助手到群众中去调查，自己则开始仔细地勘查现场。

警长先检查了楼上办公室的门，接着又来到楼下，很快，他在一楼外的阳台上发现了一片树叶，这引起了他的注意。他轻轻地把树叶拿起，仔细地观察，发现树叶上有一小块红点，他判断这个红点一定是血迹。

这时，助手走了过来，向警长说道："与死者熟悉的人向我反映，近几日根本没有发现死者情绪有什么反常现象，所以，我想可以排除死者自杀的可能性。另外，大家还反映说，死者生前作风正派，群众关系非常好，所以，他杀的可能性也是可以排除的。"

"你的调查和分析都有道理，但是，我告诉你，我现在发现了一个非常重要的证据，我认为可以证明死者是被谋杀的。"说完，警长便把那片带有血迹的树叶拿到助手的面前。他让助手看了一下后，便对助手说道："我们现在分头行动，你去调查死者的家庭情况，我去局里对树叶的血迹和死者的血型进行化验，看看它们是否吻合。"

他们马上就开始了行动。仅仅一天工夫，助手的调查结果就出来了：原来死者与丈夫的关系非常不好，她的丈夫一直在找借口来要求与她离婚，可死者始终不同意，所以，她的丈夫极有作案动机。随后，警长的化验结果也出来了，结果显示，树叶上的血迹与死者的血迹完全吻合。两项调查一综合，警长认定，死者的丈夫嫌疑最大，于是，他果断地让助手将死者的丈夫带到了警局，经过审问，死者丈夫交代了犯罪事实：那天晚上，他趁死者一人值班之时，悄悄地进入电话室，趁其不备，将其杀死，然后伪造了她因擦玻璃而不慎失足致死的现场。可他万万也想不到，尽管他竭尽自己所能地清理了现场，但还是被警长从一片树叶上的血迹发现了证据。那么警长是如何从树叶上的血迹看出来这

是一起谋杀案的呢？

10. 负责的表弟

神探博士正在和卢警官谈论近期发生的一系列谋杀案。受害人都是附近高中或大学的女生，很明显她们都是和凶手偶识或是被凶手绑架的。她们都是被凶手带到某地后用刀刺死的，尸体则被抛弃到远离市区的僻静的小路旁。

由于神探博士非常喜欢探索各种案情，喜欢拼凑各种线索并寻找最终答案，因此案情越棘手，对博士来说就越刺激。但是这一次血腥的连环谋杀案给博士所带来的挑战已不再是种简单的乐趣。凶手正在把这场“游戏”变得越发惊心动魄，而博士和他的同事则必须抢在凶手实施下一次谋杀之前赢得这场“游戏”。

关于这起案件一个令人颇为尴尬的情况是，卢警官的表弟恰恰是本案的嫌疑犯。“我真不敢相信他们竟把我的表弟列为谋杀案嫌疑犯。”卢警官对博士说道。根据最后一位受害人朋友的目击证词，卢警官的表弟十分像凶手，而且他的黑色敞篷车也符合另一位受害人朋友的描述。“我的表弟只不过是个普通的年轻人，”卢警官说道，“他喜欢跟女孩子待在一起，也喜欢酷车。虽然有点儿不合群，但现在19岁的年轻人不都是这样嘛。”“这可不好说啊，”博士说道，“其实人们在很多方面都会犯错误。我们肯定会抓住凶手的，如果你表弟是清白的，那也不难证明。他的证词是怎样的？”“没错，问题就在这里，”卢警官接着说，“我曾经出城一段时间，这时我表弟帮我照看房子。他照看得很仔细，甚至连地下室的水泥地板都帮我重新粉刷了一遍。现在看上去焕然一新。我觉得他做事很负责任。”“哦？那么是你要他清理地下室的吗？”博士问道。“不，没有，我们只是告诉他把房子里弄乱的地方打扫一下就行了。他可真是个好孩子。”警官说道。“卢警官，我想去你家看看你的房子，”博士突然说道，“还有，我想你最好先做好最坏的打算。”神探博士在怀疑什么？

11. 散落的珍珠

一大早，朗波侦探急匆匆赶到一处公寓，因为该公寓的主人报案说，昨天公寓里有小偷光顾，不少珠宝被盗。

在公寓里，朗波侦探发现地毯被吸尘器清扫过。朗波侦探仔细检查，突然发现地毯的边上有一颗散落的珍珠，也许是小偷未注意遗落到地毯上的。于是他故意将一些纸片撕碎撒得满地都是，遮盖住了珍珠，然后让助手找来了这家公寓的管家。出示证件后，朗波问道：“你昨晚在什么地方？”

“我在自己的房间里睡觉，一直没有出来。”管家回答。

“昨晚公寓里进了小偷，你知道吗？”朗波侦探问。

“我也是刚刚起床时才知道的，丢了什么东西吗？”管家说。

“这正是我要问你的呢，你不知道吗？”朗波侦探反问道。

管家说：“探长先生，我真的不知道，这一地碎纸片是怎么回事？”

“可能是罪犯乱翻东西时弄的。”朗波说，“对不起，请打扫一下。如果发现有什么东西被盗了的话，请告诉我。”

“好的。”管家拿出吸尘器，马上开始清扫，吸尘器里很快装满了碎纸片，吸力弱下来了。“我去倒垃圾。”管家拉着吸尘器进了厨房，然后又出来继续清扫。

“吸尘器里有什么异常的东西吗？”朗波侦探不经意地问。

“什么也没发现。”管家回答道。

“是吗？”朗波侦探两眼直视管家，“那么，罪犯就是你喽！”

管家惊得倒吸了一口气，但马上又镇静下来。他关掉吸尘器的开关，马达声立刻停了下来，接着说：“你凭什么说我是罪犯？”

“珍珠就是证据。你把盗走的宝石和珍珠藏到哪儿去了？老实告诉我。”管家一脸沮丧地承认是自己干的。为什么朗波侦探认定管家就是罪犯呢？

12. 撒谎的少妇

公安局刑侦处不久前接到匿名举报，有个专门拐卖婴儿的犯罪团伙近日准备在当地火车站将一批“婴儿”进行交易。公安局随即派出大量公安人员穿着便衣在火车站附近展开搜查。

这时，一位女警察发现，有位俏丽的少妇正怀抱着一个啼哭的婴儿，随着缓缓的人流走近检票口。

“这孩子怎么了？怎么一直啼哭啊？”这位女警察假装关切地问。俏丽少妇看了一眼女警察，叹道：“唉，我这孩子才刚满月，因为我们夫妻俩忙得都没时间照顾她，结果让她受了凉，真是叫人着急啊。”边说边给婴儿擦眼泪。女警察摸了摸婴儿的头，果然很烫手：“大嫂，你这孩子多大了啊？”“哦，到今天才一个月零三天。”俏丽少妇又是一叹。“真的？！”女警察眼里射出冷光，“我是公安局的，请跟我走一趟！”在审讯室里，俏丽少妇很快承认了自己拐卖婴儿的犯罪事实。请问，你知道警察是如何识破少妇的吗？

13. 神秘的投毒案

B先生临终之时，立下遗嘱，把全部财产留给妻子B夫人。和这位富孀共同生活的还有她的养女麦吉。

麦吉是一位典型的时髦女郎，社交极广，很能挥霍，养母管束很严，使她经常手头拮据，所以她总是盼望养母早点死去，自己可以合法地继承巨额财产。可是，B夫人的身体非常健康。终于有一天，急不可待的麦吉在汤里放了砒霜。幸亏医生发现及时，B夫人才算保住了一条性命。

B夫人康复后，为了维护家族的声誉，决定不起诉麦吉。为防止麦吉再次加害于她，她彻底改造了二楼的卧室，在窗户上安装了铁栏杆，门上的锁也重新换过。一日三餐都不让仆人做，都由她亲自从超市买来罐头，在卧室新增设的厨房里做饭，所有的餐具也不许任何人触碰，连饮水都只喝瓶装矿泉水。每星期都请保健医生来检查身体。就连检查身体，也只准许医生测量一下她的脉搏和体温（当时测量体温使用的是口含式体温计），打针、吃药她都一概自理。

尽管防范得如此严密，B夫人仍然在劫难逃，不到半年光景就死于非命。经解剖发现，她是由于无色无味的微量毒素长期侵入体内，最终积蓄在体内的毒素剂量达到了致死的程度而毙命的。

请你推理一下，究竟是谁采用什么方法，把这位防范备至的B夫人毒死的呢？

14. 伪证

“我正站在商店门口，等我丈夫开车接我回家，突然有个人冲了过来，一把抢走了我的钱包！但我只看到了他的背影。”一个妇女正在向警察讲述自己的遭遇。

警察找到了一个目击证人。他说自己当时正坐在旁边的一张长椅上。“这位女士站在我前面大约两米的地方，拿着好几个购物袋，还有她的钱包。一个穿着牛仔裤和皮衣的大块头男子抢走了她的钱包，并且拉开旁边的救生门，消失在大楼里面了。”

几个小时之后，警察在这个目击者的汽车里找到了被抢走的钱包，并逮捕了他。警察是怎么知道他与这起抢劫案有关的呢？

15. 巧过立交桥

罗尔警长快要过60岁生日了，可是看上去很年轻，像50岁还不到的样子。这得归功于他的自行车，也许你不相信，这辆自行车陪伴他30多年了，还是他当年巡逻时骑的呢。后来，警察巡逻开上了警车，可是罗尔警长仍坚持骑自行车，他说：“坐在警车里不锻炼，都跑不动了，怎么抓坏人？”

有一天上午，他骑着自行车在街上巡逻，一辆黄色轿车“呼”地从他身边飞驰而过，紧接着，他身边传来喊叫声：“他偷了我的汽车！”这时，罗尔警长赶紧蹬车去追黄色轿车，可是，两个轮子的自行车怎么追得上四个轮子的轿车呢？才追了一条马路，他就累得直喘气，眼看轿车越来越远了。这时候，他看见路边停着一辆集装箱卡车，司机正在卸货，他扔下自行车，跳上卡车，开足马力，继续追赶。偷车贼还以为把警长甩掉了，心中暗自嘲笑：一辆破自行车，还想追我？哼，没门！忽然，他从后视镜里看见了卡车，司机就是那个老警察！他慌忙加大油门，警长紧追不舍，两辆车在公路上追逐着。

忽然前方出现了一座立交桥，黄色轿车一下子就从桥底下穿了过去，可是集装箱卡车的高度恰恰高出立交桥底部2厘米，警长一个急刹车，停在立交桥前，好险啊！罪犯看到卡车被挡住了，还回头做个怪脸，罗尔警长气得两眼冒火。但他马上冷静下来，看了看轮胎，立刻有了主意。几分钟以后，集装箱卡车顺利从立交桥底下穿过，罗尔警长也终于追上了罪犯。罗尔警长是用什么方法让卡车很快通过立交桥的呢？

16. 投案自首

著名化学家威廉研制出了很多化学产品，并因此成了百万富翁。在伦敦市一条繁华的大街上，他购置了一套豪华公寓。威廉不仅钻研化学，还对收藏世界名画和文物颇感兴趣，他几乎花了自己一半的收入，购买了许多名画展示在自己公寓的客厅里。

一天夜里，有个小偷钻进屋里行窃。他偷了几件文物，经过客厅时顺手摘下了挂在墙上的一幅名画并卷起来，打算从原路逃走，突然，餐桌上放的一瓶高档名酒将他吸引住了。原来这小偷是酒鬼，平常就嗜酒如命，这会儿他一看到有这么好的酒，不管三七二十一，迫不及待地拧开酒瓶盖，扬起脖子喝起来。他刚喝了一半。突然听到门外有响声，大概是仆人听见有什么响声前来查看了。小偷一慌，忙放下酒瓶，赶紧逃走了。

第二天一早，威廉发现家中的几件文物和名画不见了，就连忙报了警。警察局派吉姆警长赶来调查此案。吉姆在屋里转了一圈，见罪犯没有留下什么痕迹，只有一股酒味。吉姆看到了餐桌上开着的酒瓶并询问了威廉，他断定盗贼喝了几口酒，便心生一计，他要让这罪犯投案自首。请问：他想的是什么办法呢？

17. 萨斯城的绑架案

在海滨小城萨斯，最近发生了一起性质极为恶劣的绑架案。

被绑架的是萨斯城著名演员多恩的小女儿琳达，今年刚满13岁，上小学5年级。星期一的早上，琳达的妈妈像往常一样，开车把她送到学校，简单叮嘱几句就离开了，可是晚上再去学校接琳达的时候，学校的老师告诉他，孩子已经被人接走了。

晚上，正当多恩一家人找小琳达快要找疯了的时候，一名自称是绑匪的人打来了电话，说琳达在他们手上。为了让多恩一家人相信他们的话，并确定小琳达还活着，他们还让小琳达和父亲通了话。绑匪提出要多恩一家支付30万英镑，并不许多恩报警。多恩一时慌了神儿，为了保证女儿的安全，他竟然真的没有向警察求助，而是按照绑匪的要求，自己去指定的地点交钱了。

本指望绑匪收到钱后就会放了小琳达，可绑匪见多恩真的没有报警，而且很快就把钱给送来了，不禁起了更大的贪心，不但没有把小琳达放回来，反而要求多恩一家人再拿30万英镑来才肯放人。

这样一来，多恩就不得不向警察求助了。警察接到多恩的报案后，立刻组成了破案小组，由多利警官全权负责。

为了尽快抓到凶手，同时确保小琳达的安全，警察局出动了大量警力，对全城进行搜查，最后在郊外一家废弃仓库里，找到了非常虚弱的小琳达。被放出来的小琳达告诉警察，绑架她的是两名中年男子，他们本想跟琳达的父亲再要30万英镑以后就逃之夭夭，可突然听到风声，说警察正在全城搜查他们，于是这两个人赶紧带上钱，往海边跑去了。

“不好，罪犯要从海路逃跑！”多利警官知道，离萨斯城不远的海域就是公海，罪犯一旦逃到公海上，警察就拿他们没有办法了，于是，多利警官立即一边带领人马向海边赶，一边调遣直升机前来增援。

这时，在海边，两名罪犯已经驾驶一艘汽艇跑出了一段距离。警察来到海边后，马上也找到一艘汽艇，两名便衣警察立即跳了上去，开始全速追赶罪犯，前来增援的直升机也赶到了，多利警长坐上直升机，在空中指挥。

警察的汽艇开得很快，眼看就要和罪犯齐头并进了，只要再快一点儿，就可以包抄到罪犯的前面了。可是，公海已经在眼前，超过去拦截已经来不及了，这样的话，只有将罪犯当场击毙，可两位便衣警察身上并没有带枪，怎么办？警长多利决定，用直升机将罪犯所乘坐的汽艇击沉。

此时，已是晚上7点钟左右，天色已经黑了下来，从直升机上根本分辨不出哪艘快艇是自己人，哪艘是罪犯的，驾驶员正不知向哪艘快艇投弹才好，在这关键时刻，多利警长冷静地观察了海面上的两艘汽艇，然后果断地下令道：“向左边的那艘开火！”

结果证明，多利警长的判断是对的，那么你知道多利警长是怎样分析出左边的那艘是罪犯的汽艇的吗？

18. 候选提琴手

金碧辉煌的大音乐厅里，演出马上就要开始了。为了保证演出质量，乐队的首席小提琴手演奏员由格德和马里雷两个人担任。在每一场演出前半个小时，由指挥福兰特临时决定，到底让谁上场演奏。格德和马里雷是师兄弟，他们的演奏水平都差不多，不过格德更得到福兰特的赏识，所以，他上场演出的机会更多一些。

当天的演出，听说最著名的小提琴大师要来观看，格德和马里雷都暗暗希望自己能够上场演奏，万一能得到大师的赞扬，那以后就不愁不出名了 。

演出前半小时，福兰特做出了决定，让演奏水平更高的格德出场。格德先生听说以后，马上来到化妆间化妆，化完妆以后，他还要调试3分钟琴弦，然后才能上场演奏。可是，就在开场的前10分钟，人们发现格德不见了！剧场经理和乐团团长可急坏了，领着人到处寻找，最后在堆放道具的小房间里，发现格德已经被人勒死了。

探长莱克来到现场，这时，离开场还有3分钟了。为了不影响演出，指挥福兰特只好决定，让马里雷准备上场。马里雷接到通知匆匆来到化妆间，一边化妆，一边伤心地说："放心吧，我一定会好好演出，来悼念我的师兄！"

上场的铃声响了，马里雷熟练地从琴盒里拿出小提琴，跑上台就演奏起来。莱克探长站在后台，一边观看演出，一边细心地向乐团团长了解情况。

演出获得了成功，马里雷当天发挥得特别好，他看到小提琴大师微笑着向他点点头，表示赞赏。他谢完幕，兴高采烈地回到后台，莱克探长拍拍他的肩膀说："马里雷先生，请跟我去趟警察局吧！"莱克探长从哪个细节上发现马里雷是杀害格德的嫌疑犯呢？

19. 打翻的鱼缸

探险家沃尔每到一个地方就会带那个地方的特色鱼回家。他家的客厅里摆放着各种形状的鱼缸，里面养着他从世界各地搜罗回来的鱼，他的家里简直称得上是一个鱼类博物馆了。

一天夜里，沃尔夫妇外出旅行，只留下一个佣人和两个女儿在家，知道了这个情况后，一个卖观赏鱼的家伙偷偷地溜进了沃尔的家。因为他对沃尔家的鱼已经觊觎很久了，所以他一进去首先将室内安装的防盗警报电线割断。

然而，他运气不佳，刚巧被起来上厕所的佣人发现，在黑暗中，他们发生了激烈的搏斗，不小心将很大的养热带鱼的鱼缸碰翻掉在地板上摔碎了。就在他将匕首刺进佣人的胸膛之时，他也摔倒在地，慌忙起身爬起来时，突然"啊！"地惨叫一声，全身抽搐当即死亡。

听到打斗声和惨叫声，两个女儿立即拨打电话报警。警察勘查现场发现，电线被割断了，室内完全是停电状态。鱼缸里的恒温计也停了电，但是盗贼的死因却是触电死亡。当刑警们迷惑不解之际，接到女儿电话的沃尔也急忙赶了回来，他一看现场，就指着湿漉漉地躺在地上死去的那条长长的奇形怪状的大鱼说："难怪呢，即使没电，盗贼也得被电死。这就叫多行不义必自毙！"你知道这是为什么吗？

20. 接头商店

国际刑警组织正在追捕大窃贼哈里。一天，他们收到报告，哈里正驾车朝码头驶去，他是去和“东方神秘号”船上某个人接头的。加尔探长命令加强对船上所有人员和码头周围人员的监视力度。

根据几天的观察，加尔探长得到如下线索：这条船上有5个水手和1个厨师。每天早上9点，船主盖伦走上甲板，活动筋骨，呼吸新鲜空气，然后又回到甲板下面去。上午10点，一个矮胖的厨师走出船舱，骑着自行车上街采购。他每天总是循着相同的路线，先去一家面包店，然后去一家调味品批发商店，再去一家肉店、一家乳品店、一家中国餐馆，最后去报摊买当日报纸。在每个地方，他都短暂停留。4个欧洲水手上午在船上工作，下午上街游玩，傍晚喝得醉醺醺，嘴里胡乱哼着小调回船，天天如此。

加尔经过缜密的分析和调查，逮捕了船上的厨师。他供认每天他都在一家商店里与哈里接头。请问，你知道他们是在哪家商店接头的吗？

21. 查获毒品

某夜，马尼拉至北京航线CA972班机降落到首都机场时，机场工作人员纳森发现从飞机场下来3个港商打扮的人神色可疑，他们带着两个背包和一个帆布箱。他们声称自己是来旅游的，当天早上从曼谷出发，经过马尼拉，再经过广州抵达北京。但纳森拿着他们的护照看了一会儿，便要求他们打开行李箱检查，果然在行李箱的夹层中找到了毒品海洛因。你知道是什么原因引起了纳森对他们的怀疑吗？

22. 伪造的照片

这是一张用闪光灯拍摄下来的惊心动魄的照片：照片上是一个正在划火柴的小姑娘，蜡烛旁边摆着许多漂亮的圣诞礼物。小姑娘的身后是一个美丽的少妇，面对照相机，正从图片中的窗外飞身下落。照片下有这样一段说明："这张惊心动魄的照片由巴特·肯尼于8月24日晚上9时30分摄于布鲁克林摄影室。当肯尼先生按下快门时，克莱亚·格林太太从6楼平台跌下，这幅以她在空中坠落作背景的惊人之作被《奇迹》杂志选为圣诞期刊的封面。据说格林太太体重只有几十磅，当晚因时速高达40英里的风暴袭击而失足坠下楼去，当即摔死在人行道上。"

现在这张被命名为《投入死亡》的照片出现在摄影佳作巡回展上，业余摄影家、大侦探哈莱金在参观展览时很快被它吸引住了。这时，哈莱金身后来了几位官员，其中一位手中还拿着一条蓝绶带。当他们把代表最高奖项的蓝绶带钉在《投入死亡》这张照片上时，哈莱金讥笑着说："你们为什么要给这幅头号伪造的作品以最高奖项呢？"你知道哈莱金为什么说这张照片是伪造的作品吗？

23. 红茶线索

某展览馆正在展出从法国运来的珍贵艺术品，包括众多价值连城的17世纪油画。展览进行到第二天时，一幅名画被盗，只剩下装饰名画的镜框。

大侦探乔治在观察现场时发现，总有几只苍蝇围着镜框转来转去。乔治开始盘问最晚离开的几个馆员。当问到一个名叫约翰的馆员时，他不慌不忙地答道："我的确是最后一个离开展台的。我离开前和几个馆员一起喝红茶。后来因为红茶洒了，我用手帕擦拭，放在一旁晾干了之后，我才离开。"乔治听后断定约翰就是窃贼，于是马上命人逮捕了约翰。请问，你知道乔治是如何识破约翰是窃贼的吗？

24. 玻璃的奥秘

这天，安全局的长官部派人通知探长纳什："你的助手梯尼因盗窃被逮捕了。"纳什赶到长官部要求失主叙述事情的经过。"梯尼来找我的时候，我正在处理岛民交来的金币，就叫秘书带他去左边的房间等一等。之后，我把金币放在这桌子的抽屉里，锁上之后就去厕所了，但是我把抽屉上的钥匙遗忘在了桌子上。两三分钟后，我回来发现抽屉里的金币少了10枚。在这段时间里，只有他一个人在房间里，桌子上又有我忘带的抽屉钥匙，不是他偷的还有谁呢？因此，我就命令秘书把他抓了起来。"失主说。

"你不是说你只离开两三分钟吗，梯尼在隔壁根本不可能看到你把金币放在抽屉里，也不会知道你把抽屉钥匙忘在桌子上，你离开的时间又那么短，他怎么可能偷走金币呢？"纳什反驳他道。"他准是透过毛玻璃看到了。"失主牵强地回答。纳什要求去现场亲自查个究竟。他向房间左边的门走去，将脸贴到靠近毛玻璃左边的房间仔细地看去，只能大概地看见一些靠近门的东西，稍远一点就看不清了，他又走到左、右两扇门前，摸摸门上的毛玻璃，发现两块玻璃的质量完全一样，一面光滑，一面不光滑，不同的是，左边房门上毛玻璃的不光滑面在失主房间这一边，而右边房门上毛玻璃的光滑面则在相反的一侧，右边房间是秘书室。纳什转过身来，指着门上的毛玻璃对失主说道："你过来看一看，从这块毛玻璃上梯尼不可能看到你所做的一切，你还是问问你的秘书吧！"失主叫来秘书质问，金币果然是他偷的。请问纳什判断的根据是什么？

25. 看出破绽

一天下午，一家珠宝专卖店里迎来了一对夫妇。丈夫身穿昂贵的西服，手上拿着一个不锈钢保温杯，夫人身穿时髦的长风衣，两人看上去都很阔气。

这时，丈夫礼貌地告诉店员，今天是他们的结婚纪念日，所以他打算替夫人挑选一些首饰，店员热情地为他们介绍了各种珠宝的款式和最近优惠的几个品种后，那对夫妻商量了一下，决定先试戴看看。接着，他们出示了贵宾卡，这是极少数顾客才持有的卡片，标志着顾客的地位和诚信。于是，店员为他们提供了单独的试戴间，根据他们的要求将珠宝送进去给他们试戴。

这对夫妇在店里待了整整一个下午，几乎试过了店里一半的珠宝，最后，他们决定购买一套项链和一对手镯。就在收银员准备为他们结账时，一名店员忽然注意到站在丈夫身后的夫人好像很紧张，捧着不锈钢保温杯的手在微微颤抖。丈夫笑着解释说，夫人神经方面有点病症，大夫嘱咐她要每隔半小时吃一次药，所以才会随身带着杯子，他出示了口袋里的药物。又打开了杯子给店员看，杯子里是满满的一杯咖啡。夫人向店员微笑表示歉意，同时喝了一口咖啡，证明这里面确实只是咖啡而已。店员有些迷惑，她总觉得什么地方有点不对劲，可具体又说不出哪里有问题，这对夫妻持有贵宾卡，要对他们进行搜查又是不可能的。何况楼上负责接待的店员没有发现珠宝被盗，要求检查更是毫无道理。

这时丈夫取出一片药递给夫人，夫人则接过药片，喝下一口咖啡送服。接着，丈夫拿出信用卡，准备付钱。这时，店员忽然想到了什么，她毫不犹豫地报了警。很快，接到报警的警员赶到店内，在这对夫妇装咖啡的杯子里找到了4件珠宝，而这些珠宝都是他们用赝品替换下来的。经过调查发现，他们所持的贵宾卡也是伪造的。大家都对这个报警的店员的聪明、细致赞不绝口。那么，店员是如何看出破绽的呢？

26. 找出奸细

抗日战争时期，有一个侦察员奉命到桃花岛侦察敌情，要与一个渔夫打扮，左手拿着一顶斗笠，斗笠上写着一个“王”字的人接头。当侦察员准时到达岛上时，只见码头上站着一个渔夫模样的人，他头上的斗笠上也确有一个笔迹清晰的“王”字。可就在侦察员高兴地快步走上前准备和他接头时，他突然止步，因为他发现了斗笠上的一个疑点，并判定这个人是敌人派出的奸细。请问，侦察员发现了什么疑点呢？

27. 真面目暴露

法国历史上有个知名人物罗伯斯庇尔，一次他为了打击政治上的对手，竟然诬陷对手在发给士兵的酒中投毒。为了取得所谓鉴定的依据，他把无毒的酒交给当时著名的化学家特洛化验，并承诺特洛，只要帮他作伪证，便以重金酬谢。可是化学家特洛拒绝金钱的引诱，在化验后明确宣布了酒中无毒。罗伯斯庇尔恼怒地命令他修改结果，特洛不但拒不接受，还想出了一个办法，使得罗伯斯庇尔当众出丑，暴露了他陷害他人的真面目。请问，你知道特洛想出的是什么办法吗？

28. 谁窃取了项链

珠宝商杰克的店里新进了一条价值连城的钻石项链。为了保险起见，他把这条项链放在一个金属珠宝盒里，并用金属锁锁了起来，还在外面用封条封好，除非是遇到贵宾顾客，否则他一般都不会轻易拿出来。

这天，珠宝店里的三个老主顾富商A、B、C都慕名来访，要看杰克的这条珍贵的钻石项链。杰克当着大伙的面，打开珠宝盒，取出钻石项链供众人观赏，之后又把项链放回去，并重新拿了一张封条，涂上糨糊，将珠宝盒封好后放进珠宝店的里间。随后，三个富商都留在店内和杰克闲聊，杰克注意到，三个人的手指都受了伤。富商A的食指发炎了，涂着紫药水；富商B的拇指被毒虫咬了，涂着碘酒；富商C的拇指被划破了，涂着红药水。其间，三个人都去过厕所。就在大家聊得兴起时，富商D也来到店里，想一睹项链的风采。杰克进到里间，把粘有还没干透封条的珠宝盒拿出来打开一看，却惊讶地发现项链不见了！他心头一紧，但随即快速地返回店里观察了一下富商A、B、C的手指，一下就明白了是谁偷偷窃取了项链，你知道吗？

29. 案发第一现场

一天夜晚，威廉接到姐姐打来的电话，说是有要紧事情让他马上到她家去一趟。

威廉赶到姐姐家后发现，原来是姐姐的朋友玛丽因有事住在了他姐姐家，可是在玛丽洗澡时突然心脏病发作，死在了浴缸里。威廉的姐姐不敢通知警局，担心警方会怀疑是她杀害了玛丽而引起麻烦，所以求威廉把玛丽送回她的单身别墅的浴室里，造成玛丽是在那里死亡的假象。

威廉把玛丽的尸体送到她的别墅时，天已经大亮了。幸好别墅坐落在森林边缘，没有人发现。威廉悄悄地把玛丽放到浴缸里，打开热水器，让浴缸放满温水。接着他把玛丽的衣服挂在衣架上，把手提包和高跟鞋放到适当的位置，随后便悄悄地离开了别墅。

当天下午3点左右，玛丽的尸体被同事发现了，很快报告了警察局。法医检查后说："玛丽的死因是心脏病，属于自然死亡，初步推测死亡时间是在晚上10点到12点。"正在现场调查的探长听到报告后，环视了一下四周，沉思片刻后说道："如果玛丽肯定是死于心脏病，又是在这个时间，那么这个浴室肯定不是她死亡的第一现场，一定是谁怕尸体引起麻烦才将其运到这里来的。"

请问，威廉有什么疏忽，才使探长肯定尸体是从别处运来的呢?

30. 酒杯里的破绽

穆勒警探接到报警，富商安德鲁家的钻石被偷了。穆勒来到现场，发现房间里除了安德鲁之外，只有史密斯夫妇二人和一个男仆，旁边是一张酒桌，上面放着4杯加了冰块的红酒和一瓶并不满的酒。房间中央有一张圆桌，上面放着一个空的首饰盒，钻石之前就放在里面。史密斯夫妇称，案发时，他们两个正背对着圆桌欣赏墙上的画作，根本不可能回头去偷桌上的钻石，这一点安德鲁本人可以作证，因为当时他们三人几乎是同时转身去欣赏墙上的作品的。安德鲁也承认，二人的确没有撒谎，只是不知道为什么一转身，桌上的钻石就不见了。“你们三个人在欣赏画作，那男仆在干什么呢？”穆勒问道。“他在给我们三个人倒酒。我还听到他往杯子里放冰块呢！”安德鲁回答道。经过搜查，安德鲁和史密斯夫妇，还有男仆的身上都没有钻石。这是怎么回事呢？穆勒再次仔细扫视了一下整个房间，突然，他眼睛一亮，知道是谁偷了钻石，也知道钻石藏到了哪里。你知道吗？

31. 智寻盗贼

博物馆里陈列了一颗大钻石，出于安全考虑，博物馆馆长将钻石浸在一种特殊的透明溶液之中，只要溶液接触到盐分就会变成绿色。这天，一群游客前往参观，可就在游客还没离开的时候，博物馆的警卫突然发现钻石被偷了，于是赶紧拦住在场的游客，将他们带到一间生了炉火的高温房间里。你知道他为什么这么做吗？

32. 衣架上的大衣

圣诞节这天，富家千金艾玛在家里举办了一个聚会，朋友们一直玩到凌晨还没散去。这时，艾玛突然发现自己的首饰箱不见了。探长道尔赶到时，艾玛和朋友们都聚集在客厅里。探长命人搜查了整个房间以及朋友们的汽车，却没有丝毫发现。

没办法，道尔探长只得挨个询问，看看能否找到线索。菲利浦说："我是最早一批到达的客人。我从头到尾都没离开过房间。"罗德说："我来了之后就一直待在里面的房间看棒球赛，也没出去过。"朱莉说："我是和菲利浦一起来的。我也没有出过房间，现在已经快天亮了，我得赶回去照顾我的双胞胎孩子了。"说完，朱莉走到大门口，从挂满衣物的衣架最上端取下自己的大衣。探长赶紧叫住她说："朱莉女士，看来你今天是走不了了，因为你就是嫌疑人。"你知道探长为什么这么说吗？

33. 钻石被盗

大富翁鲍尔收藏了一颗价值连城的钻石，不少朋友都到他家来参观。为了安全起见，鲍尔特意把钻石放在一个特制的窄口玻璃瓶内，这个玻璃瓶重60多公斤，一般人是不可能将它搬走的，同时，鲍尔还在装有玻璃瓶的这个房间周围安装了防盗警报系统，只要有人移动玻璃瓶，就会自动发出警报。

这天晚上，鲍尔回家后却发现，自己家的那颗钻石竟然不翼而飞了。他赶忙报了警，警长调查后得知，鲍尔外出后曾有三个人先后进出过房间：一个是负责清洁地毯的清洁工，一个是管家，另一个则是他的私人保镖。你认为会是谁在不被察觉的情况下偷走了这颗钻石呢？

34. 杯子里的秘密

夏天的某个下午，盗贼亨特乔装打扮混进珠宝拍卖会场，盗走了两颗大钻石。一回到家，他马上将钻石放进水里，做成冰块放进冰箱。

第二天，警探们根据之前的监控录像找到亨特，要求他交出钻石。“我不知道你们为什么怀疑是我干的，我可没偷钻石。”亨特矢口否认自己的盗窃行为。“不信你们就在我家搜查好了。”说完，亨特若无其事地打开冰箱，从里面拿出冰块，往杯子里放了4块，再倒入可乐，一边喝一边问身边的警探：“这么热的天，需要来一杯吗？”他想，藏有钻石的冰块现在已经放到了自己的杯子里，即使融化了，在可乐喝完之前，还是无论如何不会被看出来的。谁知，警探盯着他的杯子看了看问：“放了钻石的可乐，味道怎么样呢？”说完，就从亨特手里一把将杯子给夺了过来。你知道警探是怎么看穿亨特杯子里的秘密的吗？

35. 吹牛

布里克森在街上溜达时，遇到了同乡拉姆。此前，拉姆因为赌博欠下了很多债务，现在，他想把自己的牧羊犬高价卖给布里克森。

“我的狗叫迈克，它可不一般。”拉姆告诉布里克森，“我家的农场旁边有一条沿着山崖修建的铁路，有一次，一块大石头滚到铁轨上，我大老远地就看见一列火车飞快驶来，我想爬上山崖给火车发警告信号，可却不小心扭伤了脚。就在这紧急关头，迈克飞奔回家，拽下我晒在铁丝上的红色外套，叼着它闪电般的冲上山崖，结果火车司机见了山崖上红色的“信号”后立即刹车，一场重大事故就此避免。怎么样？我这狗厉害吧？”布里克森打断他的话，说：“老弟，你的牛也吹得太大了点吧？”你知道布里克森为什么说拉姆是在吹牛吗？

36. 强身法宝

一天，海格尔博士认识的英国商人斯蒂夫带着一个健壮结实的小伙子来到他的办公室。只见这个年轻人穿着一件已经磨损，显得有些旧，但还算合体的运动服。斯蒂夫对海格尔介绍说：“这是肯特，他发明的强身剂可以让人很快变得强壮有力。”说完，肯特就脱光上衣开始做起俯卧撑来，他身上肌肉一块一块的，令人羡慕。斯蒂夫接着说道：“你能相信他在7个月里体重就增加了70磅，长了这么一身硬邦邦的肌肉吗？他发明的强身剂里含有一种高蛋白食品配方，加上适当的运动……”“你们现在是需要一笔钱来推销这个配方对吧？”海格尔博士打断斯蒂夫的话说道。

斯蒂夫叹了口气说：“哎，正是这样。你看看，肯特把他的全部家当都用在试验他的配方上了。他的这身运动服还是两年前买的呢！说实话，我现在也没钱，不然我早就掏腰包帮助他了。我们只需要15000英镑，只要我们的强身剂问世了，你一定会从中发大财的！”谁知海格尔博士摇摇头说：“嗯，抱歉，我可不想花钱买个谎言，你们还是离开吧！”请问：海格尔博士为什么会这样说呢？

37. 鸭子孵蛋

某天晚上，H市的政府办公室被盗了。警探接到报案后赶往现场，经过紧张的勘查和现场询问，他们把嫌疑人锁定为住在附近的一位农夫。

警探："昨天晚上发生了什么事情，你知道吗？"

农夫："知道，政府办公室被盗了。"

警探："那昨晚你在做什么？"

农夫："我一直待在家里，我家养的十几只鸭子在孵蛋，我准备迎接小鸭子出生。"

警探："看来你得跟我们回一趟警局了。"

你知道警探为什么这么说吗？

38. 骗子园艺家

"我要发财了！"韦礼安兴致勃勃地告诉他的朋友琼斯，"我刚认识了一位园艺家，他说只要我肯出5000美元，就卖给我一盆球茎紫丁香，这是世界上极其罕见的一年生植物。每年这盆球茎紫丁香开花结果之后，我都可以把它的种子拿出去销售。因为这个品种十分罕见，肯定能赚大钱。""省省吧。"琼斯打断他的话说道，"这个园艺家是个骗子，你要是上当了，就会损失5000美元！"请问，琼斯为什么会说园艺家是骗子呢？

39. 张开的郁金香

某天夜里，驻巴黎的日本大使馆的珍贵项链被人偷走了。这个小偷就是卢比。他刚回到自己的住所，藏好项链，门铃就响了。

“晚上好卢比先生，我叫本田次郎，是一名侦探。”卢比开门后，来访者自我介绍道。

卢比一听，立即警觉起来，他做出一副笑脸，热情地把这位不速之客带到自己的书房，并请他在书桌旁坐下。书桌子上摆着一个插满红色郁金香的花瓶，而郁金香的所有的花瓣都是闭合的。

“卢比先生，冒昧地问一下，您今晚都去过哪里，干了些什么？”本田次郎开门见山地问道。

“我一直待在家里。你来之前，我一直在书房里看书。你看，就是这本书。”卢比指着书桌上扣着的一本书说道。

本田次郎把书拿起来翻看了一下，放回到书桌上，突然，他发现花瓶里插着的郁金香不知什么时候花瓣都张开了。他拔出一枝看了看，又把花插进去，然后肯定地说：“卢比先生，您不用伪装了，您刚才那套不在作案现场的证词纯属谎言，还是跟我一起到警局投案自首吧！”请问，你知道本田次郎是怎么识破卢比的谎言的？证据是什么？

40. 听到枪声

探长拉里正漫步在街头，突然听到一声枪响，不远处一个老人跌向房门，慢慢地倒了下去。拉里和街上仅有的另外两个人先后跑了过去，发现老人背部中弹，已经当场死去。拉里发现跟着过来的这两个人都戴着手套，他感到他们有些异常，便问他们刚才在做什么。第一个人说：“我看见这位老人正在锁门，枪一响，他就应声而倒，所以我便立即跑了过来。”第二个人说：“我听到枪声后，不知发生了什么事，看到你们俩都往这儿跑，所以我也就跟着跑了过来。”拉里听后，马上将其中的一个人用手铐铐了起来。你知道他铐的是哪一个人吗？

41. 珠宝店被劫

一天晚上，教犯罪心理学的艾格教授刚从学校门口出来，就听说附近的一家珠宝店发生了抢劫。店员告诉她，抢劫犯穿的是晚礼服。

艾格一面打电话报警，一面在附近察看。很快，她发现转角的街边停着一辆小车，有个人坐在方向盘前一动不动。她走上前去一看，这个人正巧穿着晚礼服。艾格教授不动声色地去敲他的车门。“先生，您在这干什么呢？听说前面发生了抢劫案，或许您看到了些什么？”

坐在车里的人面无表情地说：“我没看到什么抢劫，我在等我的弟弟，我们要去参加一个晚宴。”“是吗？可我听说，刚才那起抢劫案是个穿着晚礼服的家伙干的！”艾格教授严厉地说道。“你这话是什么意思？那跟我有什么关系？假如我抢劫了珠宝店，你认为我会穿着这身衣服坐在这里等着警察来抓我吗？”车里的这个人气愤地嚷了起来。艾格教授说：“您的这些话可不用对我说，还是到警局自首吧！”请问，艾格教授为什么一口咬定这个人就是抢劫犯？

42. 被狗咬伤

有一天，哈瑞正在家中看书，突然门外响起了一阵急促的铃声，原来是隔壁的克里斯汀太太。只见她气势汹汹地向哈瑞嚷道：“你的狗太可恶了，它刚刚把我咬伤了，你要对此负责！”哈瑞吃了一惊，因为他的爱犬可从来没咬过人。他问克里斯汀太太：“能让我看看你的伤口吗？”克里斯汀太太卷起她那整洁的裤腿，哈瑞一看，克里斯汀太太的膝盖处的确有一处被咬伤的伤口。但哈瑞看过后，却十分肯定地对克里斯汀太太说：“请您不要说谎，这绝对不是我的狗咬伤的！”

你知道哈瑞为什么这么肯定吗？

43. 蟑螂之死

本杰明是一名普通的中学生，因为喜欢侦探推理，同学们都喜欢称他为“小福尔摩斯”。这一天，他在路上散步，突然注意到有两个人正在争论着什么，于是他就跑过去一看究竟。原来争论的是他的同学杰里米和雅各布。杰里米指责雅各布杀死了自己最心爱的宠物——蟑螂，而雅各布则向本杰明辩解说：“今天早上，杰里米让我帮他照看一下他的蟑螂，所以我一天都把它带在身边。大约半小时以前，我发现蟑螂好长时间没有动弹了。我拍了拍笼子，它毫无反应，于是我就打电话给杰里米。当时，蟑螂就像现在这个样子。可是，杰里米却说我杀了他的蟑螂，真是好心没好报！”本杰明看了看背上还带有光泽的蟑螂尸体，想了一会儿，最终断定的确是雅各布杀死了蟑螂。请问，你知道他推理的根据是什么吗？

44. 列车上的劫案

一辆列车上，一箱托运的黄金被人抢了。警探摩尔刚巧在这辆列车上，他赶到现场，却只发现了两个抽剩下的烟头。摩尔让列车值班员皮特回忆一下当时的情景。皮特说：“早上我们组长送来一个箱子，说里面有贵重的物品，让我重点看管。火车开了一段时间后，我听见有人敲门，先是两下轻的，然后是三下重的。我以为是列车员，便将门打开，结果闯进来两个人，他们戴着面罩，只露出两只眼睛。我被他们打倒后，迷迷糊糊地看见他们叼着烟，还说了些什么，但火车声音太吵，我根本听不清楚……”话没说完，警探就断定皮特有重大嫌疑。你知道为什么吗？

45. 潜入时间

珠宝商威廉带着家人到一个著名的避暑胜地去度假。当地的温差比较大，早晚十分冷，甚至还会下霜，但到了中午气温却很高。

这天，当威廉一家兴致勃勃地从外面游玩回来时发现，他们的珠宝被人偷了。小偷似乎是从靠近院子的窗户爬进去的，在泥地上还清晰地留下了他的鞋印。你认为这个小偷可能是在什么时间潜入的呢？

A. 昨天早上　B. 昨天半夜　C. 今天早晨

46. 藏起来的遗产

富翁盖茨临死前给自己唯一的外甥留了20万美元，他嘱咐外甥帮他办完丧事之后去他的卧室里取。可等外甥安顿好了一切来到富翁的家中时，却发现富翁的卧房里除了一张床、一把安乐椅和四面贴满报纸的墙以外，什么东西也没有。

难道是舅舅骗了自己？外甥不相信。他仔仔细细环顾了一下房间，突然灵光一闪，知道舅舅把钱放在哪里了。你知道吗？

47. 真正的罪犯

警局接到西服店报案，店员声称："当时店里只有我一个人，突然有个身穿灰大衣、后面束着皮带的男人闯进来命令我脸朝墙壁，等我回过头时，他已经将店里的钱财洗劫一空开溜了。"警长听完后，下令将店员抓捕归案。你知道警长是如何断定店员就是真正的罪犯的吗？

48. 博物馆失窃

有个盗贼背着照相机，拿着晴雨伞，假装是游客进入博物馆，趁人不注意躲到大厅的楼梯间，等夜间闭馆后，他将藏在伞柄中的开锁工具拿出来，将馆内的一件名贵玉器偷了出来，并从照相机套子中取出事先准备好的赝品代替该玉器，随后回到楼梯间，准备等到开馆时溜走。第二天一早，碰巧外面下起了大雨，盗贼拿着自己的晴雨伞正准备离开时，却被门口的保安拦了下来，质问他昨天晚上躲在博物馆里干什么，盗贼一时心虚，答不上来，保安随即报了警。你知道保安是从哪里看出盗贼有问题的吗？

49. 调整计划

警方接到线报，在某个偏僻的村落里藏匿着大批通缉犯。为了避免打草惊蛇，高级督察查理做出了周密部署：他乔装成村民，在视察现场环境后发现，藏匿着通缉犯的村屋坐落于隐蔽的丛林中，村屋四面都有门窗，很方便逃走。为了防止行动失败，查理特派了八名干练的警探，让他们悄悄地埋伏在丛林周围，等待晚上伺机行动，并要求各出口有两个人把守。到了深夜时分，通缉犯已经酣然入睡，查理抓住时机，调动数十人准备突袭行动，结果却发现八名警探中竟然有四个人都失踪了！查理担心影响行动，只好急召了其他队员前来支援。所幸，行动最后取得圆满成功。事后，查理找到这四个“失踪”的警探，对他们进行了严厉的斥责，并追问他们为什么敢违抗命令。谁知这四个警探却说：“我们觉得现场不需要八个人就能把整间屋子包围，所以没有听从你的命令，而自行做了调整。”查理在仔细听完他们擅自更改计划的缘由后，觉得他们的确说得很有道理，便没有再追究了。请问，你知道这四个警探调整的计划是怎样的吗？

50. 被盗的黑便士

警局接到一名集邮爱好者报案，说是自己家中珍藏的一枚价值连城的名为“黑便士”的邮票被盗了。警员赶到现场时发现，装邮票的玻璃柜周围有好几处被撬的痕迹，里面存放了很多珍贵的邮票，只有原来放着“黑便士”的地方是空着的。结果警员断定这个人报的是假案，目的是骗取邮票的保险金。你知道警员为什么这么判断吗？

51. 如何脱身

超级间谍伊凡为了搜集一份重要情报，背着照相机和闪光灯伪装成一名记者，混入了M国举行的一个外交集会。就在他不停拍照的空隙，一名M国的特工走到他的眼前，要求他出示记者证件。当特工拿到伊凡递给自己的证件后，很快就发现这是伪造的。于是他大声喝道："好一个冒牌的记者，说，你到底是什么人！"说完，他就准备掏枪。伊凡意识到必须马上逃走，为了避免对方击中自己，伊凡急中生智，想出了一个争取时间的办法，最终得以顺利脱险。你知道伊凡想出来的争取时间的办法是什么吗？

52. 破窗而入

这天，一家工厂打电话报警，说厂里发生了盗窃案，放在财务室保险箱里的10万元现金被盗了。警探赶到了现场，发现办公室的玻璃窗被打碎了，室内满地都是碎玻璃，看样子盗贼是从窗子跳进来作的案。当班的保安对警探说："盗贼肯定是后半夜趁我熟睡时作的案，因为我12点的时候，还曾到过这个房间巡视，当时门窗都是好好的。"

警探问他是否能确定，保安拍拍胸脯说："是的，我记得很清楚，当时检查窗户时，我还特意拉上了窗帘呢！"警探一听这话，马上下令将保安抓起来，并肯定保安就是盗贼。你知道警探是根据什么这么判断的吗？

53. 照片里的骗局

6月的一个下午，有个行人在路上被抢劫。根据路人的描述，警方很快找到了嫌疑人桑丘。但是桑丘却拒不认罪，称自己当天正在动物园里游玩，还拿出了当天他所拍的动物照片，其中一张是北极狐的，照片里的北极狐浑身皮毛雪白，十分可爱。负责审讯的探员看了照片后对桑丘说："这些照片绝对不是你当天拍的，你在撒谎！"你知道探员为什么这么说吗?

54. 敲门的男人

雷朋先生外出旅行时，住在一家旅馆里，服务员给他安排的是一个单人间，并告诉他整个楼层都是单人间。晚上，雷朋先生正在房间里看电视，忽然听到有人敲门，打开一看，是一个陌生的年轻男人。年轻男人一见到雷朋先生连忙道歉，说是自己走错了门，说完就转身离开了。雷朋先生回到房间，突然觉得不对劲，马上打电话到服务台，告诉他们旅馆里进来了一个小偷，并把之前见到的那个年轻男人的样貌告诉了服务员，服务员根据雷朋先生的描述，通知保安迅速清查整个旅馆，果然找到了这个男子，经警方查证，这个青年的确是个惯偷。你知道雷朋先生是怎么知道这个陌生男子是小偷的吗?

55. 书房里的劫案

这天凌晨，警员接到一个收藏家的报案，当警员赶到案发现场时，只见书房里两扇落地窗敞开着，桌子上有两支被烧了一大半的蜡烛，烛液流了一大堆，桌下散落了很多文件，现场似乎还发生过打斗。收藏家告诉警员："昨晚突然停电了，我点了蜡烛，打算去看看我珍贵的手稿。谁知我刚走到书房，窗子就被风吹开了，我去关窗时，突然一个蒙面人闯进来把我摁倒在地，我拼命地和他打斗，但最后还是被他抢走了珍贵的手稿……"警员还没听完收藏家的话，就打断了他："先生，请您不要再撒谎了！"请问，警员是如何发现收藏家在撒谎的?

56. 破绽

一天晚上，汤姆先生正在家中看书。突然，门铃响了，他的债主约翰又来向他讨债。汤姆先生假装抱歉地请他进来喝瓶啤酒慢慢说，可是等到约翰进来坐下后，汤姆却趁其不备，抡起酒瓶将他杀害，为毁灭证据，汤姆戴上手套，开车把约翰的尸体扔到了2公里以外的一条小河里。随后，他把自己的车仔细清理了一遍，回到家后，又脱下了衣服，把家里的地面、桌子、墙上……每个角落都重新擦了一遍。谁知第二天，警官就找上门，称手中有了他谋害约翰的确凿证据，要求他回警局协助调查。你知道警官是怎么断定汤姆就是凶手的吗？

57. 露出马脚

某市发生了一起凶杀案，残忍的凶手将被害人杀死后，刚逃跑就有人发现了尸体并拨打110报警。刑警中心立即出动，将犯罪嫌疑人抓获归案。预审员在审问犯罪嫌疑人时，发现嫌疑人是一个聋哑人，便对他进行书面盘问。盘问结束后，预审员沉思了一会儿，对这个聋哑人说了一句话，便立即发现聋哑人是伪装成聋哑人犯罪了。你认为预审员说了一句什么话使罪犯马上露出了马脚？

58. 偷取文件

一个名叫佐佐木的日本富商，乘坐游轮到海上玩乐，结果后来发现自己的一份重要文件被偷了，整艘游轮上只有六个人，于是除他以外的另外五个人都有嫌疑。警员前来调查时，第一个人说他是船长，他一直在开船，有舱内的监控作证。第二个人是佐佐木的大儿子，他说他当时正在睡觉，没有人作证。第三个人是船上的工作人员，他说当时他正在忙着把中国国旗换成日本国旗，本来早已经换好了，但是后来发现国旗挂反了，所以一直在甲板上没有下来，更换的国旗可以作证。而第四个人和第五个人则说他们两个一直在一起打扑克，可以互相作证。警员听完所有人的叙述后，马上知道是谁偷取了文件。你知道了吗？

59. 证据

富翁的独生女被人绑架并惨遭杀害，女孩的尸体最后被附近一栋别墅的户主发现。在警方调查过程中，这位户主告诉警方：自己是做船务生意的，经常外出。而自己的家人都在国外，这里大概有两年多没有住人了。没想到，一回来竟然在家中的衣柜里发现了女孩的尸体。警方听完他的供词，又将衣柜仔仔细细检查了一遍，发现衣柜里有不少的樟脑丸，负责调查的警探什么也没说，随即逮捕了别墅户主，你知道原因吗？

60. 帮忙断案

一天，有个男人到警局报案，声称自己的太太自杀身亡。警察立刻赶到现场，发现死者光脚吊在绳索上，地上是一个被踢翻了的皮椅。警察检查完椅子，没有发现任何异常。但是，警察立刻断定死者并非自杀，而是一起蓄意谋杀。在接下来的调查中，警察证实了凶手正是报案的男人，由于他另结了新欢，又不想因离婚而损失一半财产，因此设计杀害了自己的太太。请帮忙判断一下，警察是怎么发现这是一桩谋杀案的呢？

61. 绑匪是谁

一位富翁的儿子被绑架了，绑匪向他勒索10万美元赎金，并让富翁将赎金寄往纽约市白星街2号，由罗伯特签收。并警告富翁不许报警。富翁当然不想让孩子出意外，可又不甘心把钱就这么白白地给出去，于是委托了一名私家侦探前往绑匪提到的地址去调查，结果发现地址和人名都是假的。于是，侦探一下子就知道了绑匪是谁。请问你知道吗？

62. 名画

爱德蒙太太有一幅珍贵的油画，她在遗嘱中指定，如果自己去世，这一幅油画就由她的侄子西里继承，但这幅画仅限于家族收藏，不得出售。可是西里对艺术一无所知，在爱德蒙太太去世后，他整天想着如何才能把这幅油画卖掉换钱。

这天，他向警局报案，说自己在家里遭到了抢劫，油画被人拿走。警长请他讲述一下案发时的经过。西里气愤地说：“一个小时前，我正在欣赏姑妈给我留下的这幅油画，突然，一个歹徒冲进来，用一把冲锋枪对着我的头，然后我被枪托重重敲了一下头就昏了过去，醒来时就发现画不见了。那可是珍宝啊！”警长查看了下西里的头部，的确有明显的钝器敲过的痕迹。于是他问西里：“看来歹徒的确很凶狠，不过，你看到他的样子了吗？”“看到了！”西里说道，“我从油画的玻璃边框里隐约看到，歹徒是个小胡子……”还没等西里说完，警长就打断了他的话：“你在撒谎，你这样做无非是为了骗取保险金！”你知道警长是怎么发现西里撒谎的吗？

63. 照片中的牵牛花

清晨，城西的化工厂被人有意纵火。警方在调查过程中得知，化工厂的员工田中曾和老板发生过过节，两人甚至大打出手。而一位拾荒老人也提供了一个情况，她在凌晨好像看见田中到过化工厂附近。警察到田中家询问他凌晨4点在哪儿，田中平静地回答：“我在家啊！今天凌晨，我为了拍摄牵牛花开花的情景，很早就起床了，这里还有我拍的照片呢！”警察看了照片，发现确实是凌晨拍摄的，而且也确定是人工拍摄的，但他却觉得田中的嫌疑更大了。请问这是为什么？如果真是田中放的火，那么牵牛花的照片又怎么解释呢？

64. 车祸

一天深夜，负责夜间巡逻的警车发现一起交通事故。一个头戴钢盔的年轻人倒在路边，已经死去。在尸体的前方约3米处，有辆摩托车横在那里。摩托车发动机没有熄火，后轮仍在空转。从现场看，年轻人似乎是撞上了电线杆之类的东西，从而发生了交通事故。但警长到达现场后，却通知警员将这起事故作为谋杀立案侦查。请问，警长为什么认定这不是一起交通事故而是谋杀呢？

65. 青铜像

特里的妻子被人杀害了，悲痛欲绝的特里对检察官说：“凶手是费尔南多。昨天晚上，我回来得很晚，就在我要进门的时候，刚巧碰到一个人从我家慌慌张张地跑出来，我认出是他是费尔南多后，一路追赶。结果，费尔南多在跑出一百米时，把一件什么东西朝我扔了过来，那东西在乱石坡上碰撞了几下后又滚到水沟里了，还在黑暗中擦出一串火花。”费尔南多受到传讯后，坚称自己是被特里诬告的。随后，检察官拿到了特里当时举证时提到的落在水沟里的东西，正是特里家珍藏的一尊价值不菲的青铜器，上面的确有费尔南多的指纹。费尔南多面对证据矢口否认，他称自己当天没有去过特里家，铜器上的指纹是自己过去拜访特里时留下的。检察官自己回顾了整桩案件中两人的口供，突然就明白了真相。你知道了吗?

66. 火灾

曼哈顿的一条大街上发生了火灾，消防人员赶往现场时，男主人和他的孩子早已葬身火海，只有女主人艾美太太死里逃生。当她得知丈夫和孩子已经死亡的消息后，痛不欲生。等她平静后，警员找到艾美太太了解情况，结果艾美太太说：“我们昨晚去参加朋友的派对，很晚才回家。回来后，我丈夫和孩子都很饿，所以我给他们煎牛排，可就在牛排快煎好时，我听到孩子哭闹的声音，所以忘了关煤气就离开了厨房去看孩子的情况，等孩子安静了之后，我返回到厨房，结果发现火苗已经蹿到了锅里点着了油，我当时十分惊慌，情急之下，顺手将地上的一桶油倒进了锅里，谁知火势更大，我还来不及叫上丈夫和孩子，就……”，还没等她把话说完，警员立刻将艾美太太扣下，坚称艾美太太撒了谎。你知道警员为什么这么说吗？

67. 被偷的小偷

职业小偷奥迪这天溜到公交车上作案，他先偷了一位时髦小姐的钱包，接着，又偷了一位西装革履的男子和一位白发苍苍的老太太的钱包。就在他兴高采烈地下车，躲到角落里清点赃物时发现，三个钱包里的钱加起来还没超过两百美元，而更让他吃惊的是，原本和这三个偷来的钱包放在一起的他自己的钱包却不翼而飞了！那里面可是装着七百多美元呢！就在他翻找自己的钱包时，他发现口袋里居然还有一张纸条，上面写着：“让你这个该死的小偷尝尝我的厉害，看看你偷到谁头上来了！”留这张纸条的，其实就是之前三个人中的一个。你能猜出是他们中的哪一个人偷了小偷奥迪的钱包吗？

68. 找回的失物

多拉、利比、罗伯特、托马斯和温妮一起来到了失物招领处，在这里，他们各自找回了自己丢失的一件东西。这些东西包括：一红一蓝两副手套、一顶蓝色的帽子、一件带彩色花纹的运动衫和一双黑色的运动鞋。现在有这样一些线索：

（1）利比和托马斯找回的东西上面都带有红色。

（2）托马斯和多拉各自找回了一副手套。

（3）温妮是回家时唯一一个手上没有拿着失物的人。

你能判断出，他们各自找回了什么东西吗？

69. 车祸逃逸

某出租车公司有一个司机驾车撞人后逃逸了，该公司的出租车只有蓝色和绿色两种，其中蓝车占总数的15%，绿车为85%。现场有目击者指认肇事车辆为蓝车，但根据专家在现场的分析，认为目击者在当时那种条件下能看清车身颜色的可能性为80%，请问，这次逃逸事件中，肇事车辆为蓝色的概率究竟应该是多少？

70. 谁的嫌疑最大

一个长期住院的病人被人刺死在自己的病床上。警局派出人员搜查了整个医院，结果在医院后山花园的树下找到了凶手行凶的刺刀，但刺刀上没有留下凶手的指纹。这时，一个警员发现一件奇怪的事，刺刀周围有不少蚂蚁聚集。后经警方侦查，发现凶手有可能是医院里的另外三个病人之一。他们之中，一个人患有肺结核，一个人患有糖尿病，还有一个人患有心脏病。你认为谁的嫌疑最大呢？

71. 被抢的珍珠项链

舞会后，一个贵夫人向警局报案，称自己最后离开舞会时，突遇一名歹徒，把她戴在脖子上的名贵的珍珠项链给抢走了。警员赶到现场仔细勘查后，发现现场没有留下任何线索。这时，一同赶到现场的警探走到这个贵夫人面前，说道："夫人，报假案是要承担法律后果的。"你知道警探为什么这么说吗？

72. 共犯坦白

两个共犯被抓了，狱警告诉他们：如果他们两个人能坦白，将各判5年刑期，如果只有1个人坦白，那么这个人将被判1年，另一个人则被判10年；但如果两个人都不坦白，则各判3年。因为这两个人没有被关押在一起，事先不能交流，所以经过反复挣扎，他们都坦白了，结果各被判了5年刑。你知道他们为什么要选择坦白吗？

73. 偷答案的学生

一天，在迪姆威特教授讲授的一节物理课上，他的物理测验的答案被人偷走了。有机会窃取这份答案的，只有阿莫斯、伯特和科布这三名学生。已知：

（1）那天，这个教室里总共上了五节物理课。

（2）阿莫斯只上了其中的两节课。

（3）伯特只上了其中的三节课。

（4）科布只上了其中的四节课。

（5）迪姆威特教授只讲授了其中的三节课。

（6）这三名学生都只上了两节迪姆威特教授讲授的课。

（7）这三名被怀疑的学生出现在这五节课的每节课上的组合各不

相同。

（8）在迪姆威特教授讲授的一节课上，这三名学生中有两名来上了，另一名没有来上。事实证明来上这节课的那两名学生没有偷取答案。

请问：这三名学生中究竟是谁偷了答案？

第三章 答案

1. 杰克为了报复吉利，在下雨天从屋顶扔下一大块冰块，这样可以把杰克的小木屋砸烂，而且几个小时后，冰块就会化掉，特意选下雨天作案就因为此，因为这样可以什么痕迹都不留。

2. 刀是用弓箭射出去的。如果留意凶器日本刀上没有把手，谜也就解开了。也就是说，凶手是将日本刀当作箭，在25米以外用力拉弓射出来的。

3. 实习医生。因为药品上不可能贴有海洛因的标签，只可能贴着代表海洛因的化学式，只有实习医生才能从众多的药瓶中准确地将其挑出来。

4. 因为打字机上并未留下任何指纹。

5. 被杀的通缉犯鲍勃是个身高1.8米的大个子，而吉姆只有1.5米。显然，凶手了解鲍勃的身高，才能隔着门一枪击中他的额头。

6. 证据便是波恩放到保险柜里的留有杀手指纹的酒杯。

7. 因为雪特点燃了壁炉里的干柴，这就使屋子的烟囱开始冒烟，但是从外面看来，这所别墅里面是没人的，但是烟囱却冒着烟，这一定会引起巡逻警察的注意。

8. 堂弟的指纹。人们的外貌可以相似，但指纹绝不会雷同。

9. 一楼外窗台上树叶上的血迹，说明死者在掉到地面上以前已经负伤或死亡，血是其在从二楼下坠的过程中滴（洒）下的，因此此案是他杀。如果是不慎失足坠到地面上以后出血的，那么血迹是不会落到上面

的窗台上的。

10. 卢警官的表弟的清洁行为像是在掩盖证据。未经要求主动粉刷地下室的行为显得尤其可疑，他有可能是在掩盖水泥地上留下的血迹。

11. 朗波检查发现地毯被吸尘器清扫过。于是他故意将碎纸片弄了一地，以观察管家在打开吸尘器时发现珍珠的反应，谁知他却默不作声，这证明他是罪犯。

12. 少妇肯定没做过母亲，因为婴儿三个月的时候才会长出泪腺，一个月零三天的孩子是不可能流泪的，所以说明少妇在撒谎，孩子不可能是她的。

13. 这起投毒杀人案的同谋犯就是B夫人的保健医生。他很有可能受麦吉的重金收买成了这一罪行的帮凶。在B夫人每周的定期体检时，将无色无味的毒药涂在体温计的前端。这样一来，每次体检时都有微量毒素通过嘴部进入B夫人的体内，日积月累，终于达到了致死的剂量。尽管B夫人的防范措施如此周密，但还是没有想到对方会利用测试体温这一途径杀害她。

14. 目击者说他看见劫匪从户外穿过救生门进了大楼，这是不可能的，因为救生门是在发生紧急情况下的出口，平常是锁着的，只有在情况紧急时才能从里面打开。由于找到了这个破绽，警察申请了搜查证，搜查了这个目击者的汽车，找到了那位女士被抢走的钱包。

15. 罗尔警长马上打开轮胎的气门，放掉了些气，让轮胎瘪一点儿，于是卡车就降低了高度，能穿过立交桥底了。

16. 吉姆让威廉以一个化学家的身份写份声明，登在报上。威廉在声明里说自己是个化学家，失窃那天晚上放在桌子上的那瓶酒里有毒，谁喝了，不出5天必定中毒身亡。他要求爱好那幅画的朋友尽快到他家服解毒药，否则，生命就会有危险。盗贼看了声明以后信以为真，第二天便带着那幅画自首了。

17. 多利警长是通过汽艇后面水波纹的大小情况来判断的，汽艇开得越快，其接触水的面积就会越小，引起的波纹就会越小。由于警察的汽艇比罪犯的开得快，所以警察汽艇后面的波纹就比罪犯汽艇后面的波纹小。多利警官在关键时候利用水波纹的科学知识将罪犯的汽艇分辨出来了。

18. 小提琴手在临演出前的几分钟，都要调试好琴弦，马里雷从琴盒里拿出小提琴就能演奏，说明他事先知道今天肯定要演出，证明他有谋杀格德的嫌疑。

19. 在黑暗中，佣人与盗贼搏斗时，将大鱼缸碰翻掉在地板上摔碎。电鳗便爬到地板上，而且碰到了盗贼的身体使其触电死亡。

电鳗属于硬骨类电鳗科的淡水鱼。生存于亚马逊河及奥里诺科河流域，长成后，身长可达2米。尾部两侧各有两处发电器官。电压可高达650～850伏。如果碰到它会受到强电流的打击。连猛兽也会被电死，更何况是人呢？

20. 厨师和哈里是在调味品批发商店接头的。厨师每天都上街采购食品，但他完全没有必要每天采购调味品。即使每天采购调味品，也不必去调味品批发商店。批发商店是大批量供货的，而船上仅有7人就餐，无此必要。

21. 从曼谷有直达北京的航班，没有必要绕这么大个圈子。即使是旅游，哪有一天之内飞经那么多地方的？另外，他们长途旅行的行李却如此简单，违背常理。

22. 在“时速高达40英里的风暴”中，小姑娘不可能划亮火柴，因此表明，照片中的窗户是关闭的。克莱亚·格林太太晚上从高处坠落下去的情景，在室内是不可能看到的。因为照片是在晚间用闪光灯拍摄的，这样，室内就比窗外亮得多，这时照片上的窗户只能像镜子一样反映室内的景物，而不可能现出克莱亚·格林太太的身影。根据这个道理可以判断，这张照片是伪造的！

23. 因为他用擦拭红茶的手帕擦去了他留在镜框的指纹，而红茶一般都是加糖来喝的，所以招来了苍蝇。

24. 秘书利用毛玻璃的特性，看清楚了失主的一举一动，偷走了金币。毛玻璃不光滑的一面只要加点水或唾液，使玻璃上面的细微的凹凸变成水平的，就能清楚地看到失主房中所做的一切。而在左边的房间，屋里的玻璃是光滑的，就不可能做到这样。

25. 丈夫说夫人患病，每隔半小时就必须吃一次药，但是两人在店里待了整整一个下午，如果按半小时吃一次药计算，至少也应该吃了五六次了，但他们用来装咖啡的杯子里，咖啡还是满满的，说明里面一定是藏了什么。

26. 因为这个人没有按规定把斗笠拿在左手，而是戴在了头上。

27. 特洛的办法是倒出一杯酒，当众一饮而尽，从而证明酒中确实无毒。

28. 窃取项链的是富商B，因为杰克是用糨糊将封条粘到珠宝盒上的，糨糊里含有淀粉，而碘酒遇上淀粉会发生化学反应，使得原来黄色的手指变成蓝黑色。

29. 探长是根据浴室内的灯获知的。因为如果玛丽是晚上11点左右入浴室后猝然死去的，那么浴室里的电灯一定是开着的。而威廉把尸体送到别墅时天已大亮，因此，他一定根本没想到过去开灯，所以有了疏漏。

30. 是男仆偷了钻石，他趁大家都转过身去欣赏画作时，赶紧从首饰盒里取出钻石，并假借倒酒之机，将钻石放到了酒杯里。因为钻石是透明的，乍一看就好像是冰块一样。而男仆的破绽就在于，房间里除他以外一共只有3个人，他却倒了4杯酒。

31. 因为小偷的手接触过溶液，而一旦进入高温的房间，势必会出汗，而汗水里含有很多盐分，会让小偷的手变成绿色，这样一来就可以抓到盗贼了。

32. 朱莉说自己是第一批到达的客人，声称没有出过房间。如果真是这样，她的大衣应该在衣架的最里端。但事实上，她的大衣却挂在衣架的最上端，说明她在撒谎，有犯罪嫌疑。

33. 清洁工人，因为只有他可以利用吸尘器将钻石从窄口玻璃瓶中吸出并带走。

34. 藏有钻石的冰块是不可能漂浮在液体中的，警探发现杯子中的4

块冰块只有2块漂浮在液体中，因此产生了怀疑。

35. 因为所有的狗都是色盲，是不可能叼着红色外套用来当作紧急呼救信号的。

36. 如果斯蒂夫所说的7个月里肯特就增重70磅是事实的话，那么肯特身上的旧运动服就不可能合体了。

37. 农夫在说谎。因为只有野鸭才会孵蛋，家养的鸭子经过长期的人工驯养，已经不会孵蛋了。

38. 一年生的植物寿命只有一年，它发芽、生长、开花、结果和死亡的全部生命现象都会在一年内发生和结束，所以它绝对不可能年年开花结果。

39. 郁金香花瓣一到夜里就会合上，而灯光照射十五六分钟以后就会自然张开。本田次郎进来的时候花瓣是闭合的，而后来却张开了，这说明书房在他进来之前一直是黑着灯的，说明卢比根本不可能在里面看书，他是在撒谎。

40. 他铐的是第一个人。他知道老人是锁房门，而不是开房门，说明他一直在窥伺老人的行动。

41. 因为这个人失口说出了被抢劫的地点是珠宝店，而艾格教授之前却并没告诉他发生劫案的是家珠宝店。

42. 如果哈瑞的狗真的咬伤了克里斯汀太太，那么她的裤子是不可能完好无损的。

43. 生活中，蟑螂在自然死亡时肚皮是会朝上的。可是本杰明看到的蟑螂尸体却是背部朝上的，这说明本杰明在说谎，所以他当然就是杀死蟑螂的“凶手”了。

44. 劫匪戴着只露眼睛的面罩，不可能吸烟。如果火车声音很响，连说话都听不清，皮特又怎么听出敲门声是两声轻、三声重的呢？可见他在撒谎。

45. 应该是C，今天早晨。因为现场留下了鞋印，可见他是下过霜之后才踩上去的。如果是昨天晚上潜入的，经过一个中午，脚印应该变得很模糊。

46. 富翁把所有的钱都藏到四面墙的内壁了，然后在外面贴上两层报纸，这样就不容易被人发现了。

47. 强盗进门时，店员面对强盗，后来他面对墙壁，根本不可能看到强盗背后束着皮带。

48. 外面下着大雨，如果游客进入博物馆，雨伞一定是湿的，但盗贼的晴雨伞却是干的，说明他不是这一天早上进去的，值得怀疑。

49. 原来那四个警探站在四个屋角，一人可远远监视两个出口，到疲倦时，再换另外四个警探顶替，这样既可以起到监视的作用，又能保证队员们不会疲劳应战。所以当查理他们采取紧急行动时，有四个警探不在现场。

50. 罪犯作案时总会想办法尽量缩短作案时间，在这起案件中，作案者没有选择直接打碎柜子的玻璃去取邮票，而是费劲地撬开柜子，这说明他怕损坏柜子中的其他邮票，而有这种想法的，只能是邮票的主人。

51. 伊凡利用闪光灯向M国特工的眼睛闪了一下，以使对方短暂地失明，于是趁此瞬间迅速逃离会场。

52. 保安说他在玻璃打碎前拉上了窗帘，如果真是那样，小偷打碎玻璃时，碎玻璃就会被窗帘挡住，不会落得满地都是了，这说明保安在撒谎。

53. 在夏季，北极狐的皮毛为灰黑色，尾端为白色，只有在冬季才是全身雪白。

54. 因为这个楼层所有的房间都是单人间，所以住客回房间是不可能敲门的，只有小偷才会敲门试探里面是否有人，从而作案。

55. 如果真的如收藏家所说，燃烧着的蜡烛应该很快就会被风吹灭，那么桌上就不可能流了一大堆烛液了，显然收藏家没有说实话。

56. 汤姆忘记了约翰在按门铃时留下的指纹。

57. 预审员说："你可以回去了。"

58. 船上的工作人员。因为日本的国旗就是一块白布的中间有一个红日，挂旗的时候根本不存在挂反之说，他在撒谎，所以是他偷取了佐佐木的文件。

59. 因为衣柜里放有樟脑丸，如果真像别墅主人所说的，他的别墅已有两年多没住人了，那么放在衣柜里的樟脑丸早就挥发完了。

60. 椅子上没有死者的足纹。与人的指纹一样，人的脚上也是有纹路的。在现场，死者是光着脚的，所以，如果她真是踩着椅子上吊的话，毫无疑问是会在椅子上留下足纹的。

61. 绑匪是当地邮差，因为除了他之外，没人能够收到地址和人名均错误的邮件。

62. 西里对艺术果然一窍不通。油画是不可能用玻璃框装饰的，而是用木框或者专用的画框装饰。

63. 田中试图用牵牛花的开花时间来做自己不在场的证据，可这恰恰暴露了他心虚的一面，因为凌晨为花拍照的行为实在反常。而且牵牛花的开花时间可以轻易改变，最简单的做法就是用一个纸罩套住花蕾，这样，开花的时间就往后延迟了。田中很有可能是在纵火后迅速回到家中，摘掉纸罩，再拍下开花的过程的。

64. 如果是撞车，人会往前冲，车应该在人的后面才对，所以这起事件不是交通事故而可能是谋杀。

65. 真相是凶手是特里本人。因为青铜器的物理性质决定了它在岩石上碰撞后是不可能会产生火花的，特里在撒谎，显然他是想嫁祸给费尔南多。

66. 水比油的比重大，所以油着火时用水去救是不能灭火的，相反，如果一桶油倒上去，反而会使正在燃烧的油因缺氧而停止燃烧。而艾美太太声称，自己顺手将地上的一桶油倒进锅里后火势变得更大，说明她在撒谎，有重大嫌疑。

67. 是时髦小姐偷的。因为如果是另外两个人的话，他们应该连那位小姐的钱包一块儿偷走才对，就算不偷，他们也不知道究竟哪个钱包才是职业小偷奥迪的钱包。

68. 根据提示（1）和（2），托马斯找回的应该是红色手套，多拉找回的是蓝色手套，利比找回的是带彩色花纹的运动衫。而根据提示（3），温妮找到的是蓝色帽子，而剩下的黑色运动鞋就是罗伯特的了。

69. $15\% \times 80\% / (85\% \times 20\% + 15\% \times 80\%) \approx 41\%$

70. 糖尿病患者。因为凶手行凶时，很有可能会因紧张出汗，只有患糖尿病的患者汗液中含有过量的糖分，残留在刀把上的汗渍会引得蚂蚁聚集。

71. 如果真如夫人所说，有歹徒抢走了她的珍珠项链，那么现场一定会留下散落的珍珠，但现场一无所获，说明夫人应该是自己解下了项链，然后谎称被人抢劫。

72. 由于他们不能交流，所以他们都会想：

（1）如果对方坦白，我坦白，我们各获5年刑，如果我不坦白，就会获10年刑，所以还是坦白好。

（2）如果对方不坦白，我坦白，我被判1年，如果我们都不坦白，我判3年，还是坦白好。因此他们都选择了“坦白”。

73. 以A、B、C代替三名学生，D代替教授。不是D上课的两节课中，组合是C、BC。所以D上课的三节课中，出现的组合只可能是A、AB、AC、ABC、B、NULL。其中必有两个包含C的组合，即AC、ABC，所以另外一个组合只可能是B。很显然，偷试卷的是伯特。

第四章

鱼目混珠

1. 错误百出的考卷

琼斯在警察学院当学员。他以《贩毒犯》为题写了一份案例。内容如下：“某日中午，太阳当空照，在湖上留下长长的树影。马捷和沙多把一艘预先准备好的小船推进了湖。他们顺着水流漂向湖心，这个湖是两个毗邻国家的界湖，由地下涌泉补充水源，不会干涸。马捷和沙多多次利用这个界湖干着走私的勾当。他们在湖心钓鱼，不时能钓到一些海鳟，然后把内脏取出，装进袋里。夜幕降临，四周一片漆黑，两人把小船快速划到对岸，与接应人碰头，然后一起把小船拖上岸，将船底朝天翻起，船底装着一个不漏水的罐子。他们把小包毒品放在里面。贩毒犯交易得相当顺利，午夜刚过10分钟，便开始往回划，在离开平时藏船处以北半公里的地方靠岸。马捷和沙多将100包毒品取出平分。5分钟后，一支海关巡逻队在午夜时分发现这只船时，并没有引起丝毫怀疑，但当他俩回到镇上时，撞上了巡逻的警察，马捷和沙多被缉拿归案了。”

哈莱金探长看完后，大笑着说：“这份案例里错误百出，琼斯应该留一级才对。”你能发现这份案例里有多少处错误吗？请至少找出三处。

2. 五色石

路德是一个非常喜欢冒险的人。这一次，他来到了一片从未有人走过的森林，却不幸迷路了。这天，他来到了一条岔路，发现那里有五块彩色的大石头各自指向一条小路。到底该选择哪一条路呢？路德一时间拿不定主意，于是他决定先坐下来休息休息。到了正午，阳光穿过树叶的缝隙照到大石头上，路德猛然发现，中间那块绿色的大石头上面仿佛写着字。他走近了仔细一看，只见上面写着："这是五块表里不一的五色石，每块石头内还各藏有另外一块石头，它的颜色与外面石头的颜色是完全不同的。你必须排出正确的内石顺序，并走红色内石所指向的道路，才能正确回到你的世界。"再看另外四块石头上，也都各有一个提示：红石上写的是"紫内石旁的石头是蓝外石"，蓝石上写的是"绿内石与紫内石之间隔着一块石头"，紫石上写的是"红内石与蓝内石不相邻"，黄石上写的是"黄内石位于左边第二个位置"。路德想了半天，终于知道该如何选择了。你知道了吗？

3. 骗子露馅

8月中旬一个炎热的夜晚，在伦敦一家"汽车旅馆"里，正在被警方追捕的高级骗子塞克和他的3个助手聚在一起，商讨抢劫亨利与哈罗父子的公司的事。

亨利与哈罗父子的公司是伦敦西区一家最高级的珠宝店，防范非常严密，有一套最先进的电子报警系统，雇佣了一名私人侦探，通过闭路电视，日夜监视6个柜台，只要稍有一点风吹草动，私人侦探可以马上按动电钮，自动封闭公司所有的出入门。

因此，塞克警告同伙，在行动的整个过程中，不准脱掉手套，不准直呼同伙的姓名，动作必须迅速，一分钟也不能延误。

第二天早晨6时整，化装成警官查理的塞克和3个助手来到珠宝店，找到公司的私人侦探莫里斯，向他通报道：“根据情报，在11点整，一伙歹徒要来抢劫贵公司。我们准备当场将其抓获。”然后，他指指电话机，说：“我想给苏格兰场打个电话，问问有什么新消息。莫里斯先生，您能给我接通电话吗？”

莫里斯点点头。警方电话交换台很快接通了。“请接……”话还没说完，塞克从莫里斯手里接过话筒，“是的，我是查理。嗯嗯……我们就在这儿，如果有什么消息，请立即通知我们。我在公司的监视中心。噢，明白了。”

待他挂上电话，莫里斯忙问：“查理先生，他们有多少人？”

“我们也不太清楚。”塞克答道，“我们只知道对方可能作案的时间。不过，不必担心，半小时前，警察已经包围了这幢大楼。3个歹徒一踏进大门，大门外面的马路都将被封锁，他们一离开公司，我们就行动。”

莫里斯若有所思地看了塞克一眼，走到隔壁房间打了一个电话。不一会儿，警察驱车赶到，逮捕了塞克和3个助手。

他们在哪儿露馅了呢？

4. 被偷的戒指

生日派对开始前，女主人克里斯汀娜发现自己房间里的钻石戒指被偷了，来参加派对的只有苏珊、丽娜、简和露丝四个女孩，但她们四个人都不肯承认是自己偷了戒指。苏珊说：“是丽娜偷的。”丽娜说：“是露丝偷的。”简说：“反正不是我偷的。”露丝则说：“丽娜在撒谎。”这四个女孩中只有一个人说了真话。你知道究竟是谁偷了克里斯汀娜的戒指吗？

5. 奖杯藏在哪儿

露西参加田径比赛得了奖杯，她的三个队友因为嫉妒她，将她的奖杯藏了起来。第一个队友说：“奖杯不在我这里。”第二个队友笑嘻嘻地说：“奖杯就在第一个队友那儿。”第三个队友说：“反正奖杯不在我这儿。”她们三个只有一个人说了真话，你知道是谁吗？奖杯究竟藏在谁那里呢？

6. 受伤的究竟是谁

卡姆、戈丹、安丁、穆勒和朗姆都非常喜欢骑马。一天，他们5个人结伴到马场骑马。不幸的是，他们当中的一个人因为所骑的马受了惊吓并狂奔起来而使自己受伤。请认真分析如下各项所说的情况，判断一下：受伤的究竟是谁？

（1）卡姆是单身汉。

（2）受伤者的妻子是穆勒妻子的妹妹。

（3）朗姆的女儿前几天生病住院了。

（4）戈丹亲眼目睹了整个事故发生的经过，决定以后再也不骑马了。

（5）穆勒的妻子没有外甥女，也没有侄女。

7. 谁是谁

普林监狱的看守凯文对警官说："真糟糕，韦伯下班时留下一张便条，说昨天晚上他逮捕了两个打扮成牧师的流氓，一个是骗子，一个是赌棍。可我今天早晨上班时，却发现1号、2号、3号单人牢房关着的都是牧师打扮的人。现在看来，其中有一个人似乎是个真正的牧师，他是到监狱里来探望那两个误入歧途的人的。可是我实在分不清到底哪个是牧师，哪两个是牧师打扮的流氓和骗子了。""让我们想办法去问问他们，"警官提议，"真正的牧师总是会讲真话的。"

"话是不错，可我要是问到的那个人正好是骗子呢？骗子可是撒谎的老手，他肯定不会讲真话，而赌棍呢？赌棍应该是专门见风使舵的家伙，他撒不撒谎肯定要看情势对他是否有利。"凯文担心地说道。不过最终，凯文还是决定和警官一起到牢房挨个问问他们。

"你是什么人？"警官问关在1号牢房里的那个人。"我是一个赌棍。"这个人答道。警官又走到2号牢房门前，问："你知道关在1号牢房的那个人是什么人吗？""是骗子！"2号牢房里的人说道。警官又问3号牢房里的人："关在1号牢房的是什么人？"3号牢房里的人回答说："他是牧师！"警官转身对凯文说："现在我们可以分清楚谁是谁了。"请问，你能分清他们分别是什么人吗？为什么？

8. 谁是罪犯

警察抓到了甲、乙、丙三个嫌疑犯，可是谁都不认罪，只知道：（1）甲、乙、丙中至少有一个人做了这件事；（2）甲做了这件事，乙、丙也做了；（3）丙做了这件事，甲、乙也做了；（4）乙做了这件事，没有其他人做这件事；（5）甲、丙中至少一人没做这件事。你能帮警察调查出来，究竟谁是罪犯吗？

9. 花瓶的主人

侦探哈里好不容易有几天空闲，就到乡下去散心，顺便看看多年没见面的亲戚。可万万没想到，他刚到就遇到了麻烦。村里有两个汉子打成了一团，这个衣服撕了个大口子，那个脸上划了一道两寸长的血印子。哈里朝他们大喊一声："住手，不然我把你们都带到警局去！"两个汉子这才松开手，喘着粗气，恶狠狠地看着对方。

这时已经围了几十个人看热闹，都想看看哈里怎么处理这件事。哈里找个地方坐好，对其中一个年纪稍大的人说："有什么事，你先说，但一定要说实话。"

"是！"那个汉子点点头说，"我叫马丁，他是我的兄弟叫马代。我们俩有同一个父亲，但我们不是同一个母亲所生，不管怎么说，我们还是亲兄弟……"

哈里一听，差一点笑出声来，挥挥手叫他先住口，对马代说："还是你说吧，记住，说实话。"

马代的表达能力比他哥哥强多了，几句话就把事情说清楚了。原来去年他家翻修房子，有一些贵重的东西放到马丁家了，等他修好了房子，往回拿之前寄存在马丁家的东西时，却发现少了一件，少的那件是一个中世纪的玻璃花瓶，一件很值钱的古董。

马代刚刚说完，马丁就喊了起来："他胡说，是有这么一件古董，可那是我的，他早就看上了，几次想买，我都没答应……”马代气得脸都白了，“你可真是个无赖，那明明是我的嘛！”

说着话，两个人又要动手。哈里大声嚷道：“不许动手，把那个花瓶拿来，让我好好看看！”

马丁答应一声便去拿了。

一会儿工夫，马丁双手捧着那只花瓶回来了。哈里仔细地看了看，让两人说说花瓶的特征，结果他俩都说得八九不离十。哈里生气了，他把那个花瓶举起来说：“你们虽然不是一个母亲所生，但也是亲兄弟，怎么能为了一个破花瓶伤了手足之情？让我摔了它吧！”说完就欲往地上摔。在场的人全吓了一跳，谁也没想到哈里会这样做。

哈里的手虽然重重落下，可却没有松开，花瓶还在他的手里，围观的人们这才松了一口气。这时，哈里把花瓶给马代说：“东西是你的，拿回去吧！”

你知道哈里是怎样确定花瓶的主人的吗？

10. 真假新娘

新婚不久的丹麦商人霍克去美国洽谈生意，不料遇上车祸，不幸身亡。霍克在美国的朋友立即发了份电报给新娘，请新娘去美国料理后事。

没几天，新娘到了美国。但令人奇怪的是，竟然一下来了两个人，她俩都说自己是霍克的新娘。这使霍克的朋友很为难，他没有见过霍克的新娘，只知道新娘是个钢琴教师。无奈，他只得请来私人侦探大维来分辨真假“新娘”。

大维来后询问得知，霍克拥有一大笔财产。按照法律，他的妻子将继承这笔遗产。现在两位新娘中的一位一定是想来骗取这笔遗产的。

两位女士一位满头金发，另一位皮肤浅黑。大维看着她们，沉思片刻说："两位女士能为我弹一首曲子吗？"浅黑肤色的女士马上弹起了一首世界名曲，她的双手在琴键上灵巧地舞动。大维发现，她左手戴着一枚宝石戒指和一枚钻石婚戒。接着，金发女士也弹了一曲，琴声同样悦耳动听，大维注意到她右手上只有一枚钻石婚戒。

大维听完演奏，走到浅黑肤色的女士身边说："你不要再冒充新娘了，快回去吧。"这位女士听了，辩解道："你凭什么说我是冒充的呢？难道我弹得没她好吗？"大维说了一番理由，浅黑肤色的女士没趣地溜走了。你知道大维说了什么理由吗？

11. 小偷的诡计

一天，梅格雷警官在一所住宅的后门看见一个可疑男子。"你等会儿再走。"梅格雷警官见那人形迹可疑便喊了一声。那人听到喊声，愣了一下，停下了脚步。

"你是不是趁这家里没人，想偷东西？"

"您这是哪儿的话，我就是这家的人啊。"那个人答道。正说着，一条毛乎乎的卷毛狗从后门里跑了出来，站在那个人身旁。"您瞧，这是我们家的看家狗。这下您知道我不是可疑的人了吧？"他一边摸着狗的脑袋一边说。这时，那条狗还充满敌意地冲着梅格雷警官"汪、汪"直叫。

"嘿！梅丽，别叫了！"

听他一喊，狗立刻就不叫了，马上跑到电线杆旁边，跷起后腿撒起尿来。

梅格雷警官感到受了愚弄，于是迈步向前走去，可他刚走几步，好像突然想起了什么，又急转回身不由分说地将那个男子逮捕了，嘴里还嘟囔着："闹了半天，你还是个贼啊。"

那么，梅格雷警官到底是根据什么识破了小偷的诡计呢?

12. 美容实验

盛夏的海边别墅群里，住满了来消夏的游客，蓝天碧海的海滨热闹非凡，人们泡在海水里洗海水澡并在海中畅游。然而，却有个幽灵般的贼，半个多月来在海滩别墅和宾馆的客房里连续盗窃游客的贵重物品。

警方经过多方调查访问，渐渐摸清了这个罪犯的体貌特征，于是请画像专家画了罪犯的模拟像四处张贴，提醒游客注意，并希望游客发现后及时报告警方。很快，一位宾馆服务员向警方报告，该宾馆新入住的一位客人与模拟像上的犯罪嫌疑人极为相像。

侦探们获讯后迅速赶到该宾馆，在服务员的指点下敲开了这位客人的房门。这位客人确实长得和模拟像上的犯罪嫌疑人极其相像，唯一的区别是，该客人梳的是大背头，而犯罪嫌疑人则是三七开分头。

当侦探拿着模拟像要求客人到警局接受调查时，客人立即指出了分头与大背头的区别，并称自己来海滨休假已经半月有余，有许多大背头的照片可以作证，只是刚换了个宾馆而已。说着，客人拿出许多彩色照片，来证明自己一向是梳大背头发型的。

侦探们有些疑惑了，会不会只是长得相像而已？这时，宾馆服务员悄悄地向侦探建议，带客人到美容室做个实验，就能搞清问题。你能猜出这是个什么实验吗？

13. 犯罪证据

在英国南方铁路沿线几个大城市的火车站上，某年5月接连发生了几起旅客存放衣物的行李箱被窃案。这些案件在6个城市相继发生，表明盗窃案是由一个盗窃团伙干的。他们的作案手段很狡猾，既不用暴力，也不用撬锁，而是先通过手续租用几个行李箱，待复制好行李箱的钥匙后归还行李箱寄存处。当不明真相的旅客再次租用这些箱子后，他们就窥测时机，及时下手。

然而，这一切终于没有逃脱警察的眼睛，罪犯们在作案路线上露出了马脚，警方根据他们的作案规律推断，他们的下一个作案时间约在10月初，作案地点是伦敦。因此，警方根据他们的作案手段，张网以待。从10月4日起，4位记忆力极强的警察，化装成便衣，轮流守候在伦敦火车站附近，对行李寄存处实行24小时监视。第二天，发生两起寄存行李箱被窃案。10月7日，警方决定收网抓捕。一位在几天内多次出现在行李寄存处的男子，在从52号行李箱里取出一个沉甸甸的箱子时，当即被带到了铁路警察所。

“你们凭什么抓我？我要去法院告你们！”这位男子非常生气。

“先生，请冷静些。请你报出箱子里装的是什么东西。”

这位男子毫不迟疑地一口气报出一大串物品，经核实，与箱内的实物完全相符。这使得两位警察面面相觑。

“我们要搜一下你的身，先生。”这位男子大声抗议。但警察不管他怎样抗议，还是从他身上找到了犯罪的证据。请问，犯罪的证据是什么呢？

14. 头发的秘密

一天早晨，有人发现时装模特儿苏珊在自己的高级公寓内被人勒死了。警方随即赶到现场。根据法医推断，苏珊的死亡时间大约是头一天晚上的9点至10点间。

在勘查现场的过程中，警方发现，苏珊的右手攥得紧紧的，手指上缠着几根烫过的头发。于是，警员找来在公寓内打工的女佣询问情况。

“这很可能是被害人在被勒住脖子时拼命挣扎从凶手的头上拽下来的头发。在苏珊小姐认识的人中，有没有对苏珊小姐怀恨在心且烫发的人？”警员问。

“要说烫发的人，那就是时装设计师的助手马休。他是住这个公寓9楼的一个年轻人，曾向苏珊小姐求婚但是遭到拒绝，一定是他杀了苏珊小姐。”女佣回答道。

听了女佣的回答，警员立刻赶到9楼马休的房间。出来开门的马休的确是个卷着金发的美男子。看上去他刚刚理过发。警员将苏珊被杀的事情告诉了他，并询问他昨晚9点至10点钟在哪里。

“我在自己的房间里看录像。因为我是单身，所以没人能给我作证。不过我说的都是实话，请相信我。”马休如是说。

“你是什么时候理的发？”警员问。

“昨天中午，可这与案件有什么关系？”马休感到不解。

“被害人死时，手里攥着凶手的几根金发。为慎重起见，我们想要拿它们和你的头发比较一下，你能拔下一根头发给我吗？”警员解释道。

“当然可以。拔几根都行，你们检查吧。”马休为洗脱嫌疑，很爽快地从自己头上拔下二三根头发。

警员从口袋里掏出放大镜，仔细比较着马休和从被害人手里拿来的金发。

“嗯，看样子，这些的确都是你的头发！不过请放心，你不是凶手。”警员说。

听了警员十分肯定的话，马休放下心来。“可是为什么苏珊小姐会攥着我的头发？”他感到很纳闷。

“最近有没有憎恨她的人到你这里来过？”警员问。

“不，最近没人来……”马休刚说了一半，就改口道：“啊，差点儿忘了，女佣来过。每周一和周五早上女佣都会给我打扫房间和洗衣服。昨天早晨她还来给我做过卫生呢。”

“那个女佣是不是也去苏珊小姐那里做卫生？”警员问。

“对，是的。那个女佣每次做完卫生回去后，我的咖啡和威士忌什么的都要变少一些。”马休回忆着说道。

“原来如此。谜题解开了。凶手应该就是女佣。大概因为苏珊小姐当场发现了她盗窃才会被勒死的，而且她还想嫁祸于你。”警员听完马休的话立即这样说道。

请问，你知道警员这样判断的依据是什么吗？

15. 列车上的广播

一个珍奇珠宝展在国外某城市博物馆举行。展览的第二天夜里，两

颗分别重65克拉和78克拉的“孔雀蓝”宝石被盗走。这两颗宝石可是稀世珍宝，如果被偷运出国，那造成的损失将难以估量。

天未亮，警方便接到报案，探长托尼马上派出两名侦探赶往一个半小时后就要发车的303次国际列车。他自己则带了一名助手来到现场。经过初步勘查，他们发现盗贼是从博物馆的屋顶进入馆内的，并且用早已配好的钥匙打开了展柜门，然后剪断报警器的电线，将宝石从有机玻璃柜中盗走。看来盗贼是早有预谋的。

托尼探长留下助手配合馆内保安继续对现场作进一步勘查，自己迅速开车来到了火车站。他和已经上车的两名侦探联系上。那两名侦探正分别从车头和车尾逐节车厢寻找嫌疑犯。

托尼探长从中间一节车厢上了车。忽然，车厢内一阵骚动，两名乘警正分开人群朝9号软卧车厢走去。托尼探长紧跟了过去，当他们来到9号软卧车厢的第三间包厢时，透过半敞开的门，一眼就看见靠窗El处蜷缩着一位中年男子。令人恐怖的是他两眼圆睁，嘴角还有一丝血迹，已经死了。经检查他是被人用毒药枪杀死的，他随身携带的行李已不翼而飞。

乘警告诉托尼探长，报案者是与死者相邻车厢的一位乘客。据他说是因误入死者车厢才发现这起凶杀案的。托尼探长猜测死者就是昨晚偷走宝石的盗贼之一，他在作案后很有可能又被另一伙盗贼跟踪，上车后被杀死在车厢内，随后行李和宝石一起被劫。

托尼探长推断杀人劫宝者还在车上，他当即向一位乘警小声交代了几句。这时，两名侦探已来到这节车厢，托尼探长立即给他俩安排了任务。列车上的广播忽然响了：“各位乘客请注意！各位乘客请注意！9号车厢有一位乘客突发重病，生命垂危，车上如有医生请速去协助抢救……”顿时，有不少人向9号车厢涌来。化装成“医生”的一位侦探堵在门口，他向前来要求参与抢救的人说道：“病人刚刚苏醒过来，他正向乘警述说发病经过呢！”话音刚落，人群中有一位乘客迅速转身回到了自己的座位上。当那人刚从行李架上取下一只皮箱时，托尼探长和一名乘警便出现在他身后。

“先生，请跟我们到乘警室去一下！”那人浑身一颤，皮箱猛然从手上滑落，正砸在他脚上，疼得他大叫不止。“把皮箱捡起来，跟我们走一趟！”乘警和托尼探长将那人夹在中间，把他带到了乘警室。没等托尼探长要他打开皮箱，那人便如实地交代了他杀人窃宝的犯罪经过。请问，托尼探长如何断定那人就是劫宝杀人犯呢？

16. 是意外还是谋杀

亚当斯侦探正在火车站熙熙攘攘的人群中，他准备到曼彻斯特去度假。

“对不起，请让一让。”身后有人礼貌地说。亚当斯侦探连忙让到一旁，只见一个身穿黑色长裙的贵妇，推着轮椅走了过来，轮椅上坐着一位老人，他蜷缩在轮椅里，表情十分僵硬。

“有什么需要帮忙的吗？”亚当斯侦探询问道。

“谢谢，我想不用了。”贵妇婉言谢绝，她叹了口气说道，“这是我的父亲，他偏瘫已经有一年多了，现在，我打算带他去曼彻斯特治病。”

亚当斯侦探接着彬彬有礼地说：“曼彻斯特吗？正巧我也去那里，要不结伴同行吧，如有什么需要帮忙的地方，我一定尽力效劳。”

贵妇婉言拒绝了亚当斯侦探的好意。她推着轮椅，慢慢消失在人群中。看着她的背影，亚当斯侦探忽然觉得有点不对劲，可到底哪里有问题，却又说不上来。转眼间开车的时间到了，一列从远处开来的火车此时呼啸着马上就要进站了，亚当斯侦探拿起行李准备上车。

突然，尖利的刹车声响彻车站，车轮在铁轨上磨起阵阵火花，伴随着旁边乘客的尖叫，刚刚进站的火车以飞快的速度撞上了出现在铁轨上的那辆轮椅车，可怜的老人当场死亡。

亚当斯侦探马上停住要上车的脚步急忙赶过去，只见刚才的那位黑衣贵妇正坐在地上哭泣。她嘶哑地号哭，自责地拍打着自己的脸，然后开始对火车司机怒骂。几位站台边的乘客试图安慰她，但是她的情绪始终无法平静。警察迅速赶到，一位年轻警员开始向她了解情况。

黑衣贵妇哭诉道："刚才我好端端地等车，准备送我父亲到曼彻斯特治病。谁知道火车进站的时候，一股强大的气流向我吹过来，我一时站不稳，跌倒在地上。而我父亲的轮椅顿时失去控制，一下子冲下站台，卡在铁轨上！然后……都是这该死的站台设计，我要起诉这该死的火车站！"

"女士，很遗憾，你说的是假话。"亚当斯侦探在一旁冷冷地说，"不管你是因为遗产还是其他的原因下这样的毒手，你都不能逃脱法律的制裁。警察先生，应该立刻拘捕她。"你知道亚当斯侦探是怎样知道她在撒谎的吗？

17. 冒充的饲养员

星期天，妈妈带小肖恩到动物园去玩。小肖恩拉着妈妈，一会儿到天鹅湖看白天鹅玩水，一会儿到猴山对着猴子扮鬼脸儿，一会儿又到熊猫馆看大熊猫啃竹笋，玩得可高兴了。

傍晚的时候，动物园就要关门了，小肖恩还没有玩够。妈妈说："时间不早了，妈妈也累了，我们回家吧。"小肖恩说："你看那头小象多可爱啊，我想和它合个影，带到学校里，让同学们瞧瞧！"妈妈拗不过小肖恩，只好答应了。

妈妈把拎包放在身后，蹲下来给小肖恩拍照。"喀嚓"一声，为小肖恩和小象拍下了合影。可就在这时，一个蒙面人突然蹿出来，抢了肖恩妈妈的包就跑。小肖恩惊叫起来："妈妈，有人抢包，抓坏人呀！"妈妈和小肖恩追上去，可是坏人一眨眼就不见了！

妈妈看见一个警卫走过来，马上向他报案。警卫通过对讲机，通知所有的出口处，立刻停止放人出去，然后派来了很多警卫，大家分头进行搜查。

这时候，动物园里只剩下几个游客，其余的都是工作人员。小肖恩拉着妈妈的手，跟在警卫叔叔的后面，一起查找。小肖恩看到有一个清洁工，在熊猫馆里打扫卫生；有一个饲养员，端了一盆牛肉，投给犀牛吃；还有一个驯兽员，在训练猴子翻跟头。小肖恩马上拉住警卫，指着其中的一个人，悄悄地说："叔叔，那个人是坏人冒充的！"

警卫把他抓了起来，经审问，这个人果然就是抢包的蒙面人。警卫竖起大拇指夸小肖恩："你真是个小福尔摩斯啊！"你知道在3个工作人员当中，哪一个是窃贼冒充的吗？

18. 谁是嫌疑犯

九月的一个早晨，斯凯岛上参加“海盗之行”的9名游客登上了“走运”号游船。9名游客，五男四女。4名女游客均在50岁以上。在5名男游客中，亨利26岁，是伦敦一家药店的老板；49岁的摩尔是开杂货铺的，业余摄影爱好者，左腿微跛；考克斯莱是一位出租车司机，50岁；匹克尔和莱斯特都是63岁的老年人，早已退休。他们此次游览的行程是乘船追寻过去海盗的踪迹，穿梭于赫布里奇群岛和各岛屿之间，最后到达摩勒岛——300年前海盗的巢穴。

下午4点30分，船靠岸了。9名游客踏上了一条被人踩出来的小路，两旁是灌木丛和长得齐人高的杂草。

“看呀——亨利先生，真想不到在这荒岛上竟然还长这种植物。”女游客海蒂拔起一捧像杂草样的植物给亨利看。

“这是什么植物？”亨利问。

“你不认识它？”

亨利摇摇头。

“这是麦冬，一种药草，可制作壮阳剂。”海蒂介绍道。

不知不觉绕过一堆土丘，一座颓败的古堡赫然耸立在游客面前。

“女士们，先生们，这就是海盗曾住过的古堡，现在是4点55分，海盗幽灵将接待你们15分钟，与你们合影留念，请你们准备好相机。”船长吉力尔介绍完后，便让游客走进古堡，自己却和4位工作人员来到离古堡50米远的一幢木屋里，坐在桌前喝酒。

5点零2分，船长和伙伴们刚要离开木屋，突然见屋外有个人影一闪，待他们跑出屋时，那个人已不见踪影。船长明白，这绝不会是幽灵，肯定是“走运”号上的一名游客在偷听他们的谈话。他们在屋外四周搜寻了一会儿，没有发现什么，便匆匆回到了古堡。时间是5点10分。此时，9名游客已准时集合在一起等他们了。

5点23分，他们回到“走运”号上，等待着开船返航，却发现发动机进油管被人割断了。船长明白，一定有人搞鬼，而此人就在9名游客当中。请问嫌疑犯究竟是谁呢？

19. 录音机之谜

A公司研究开发出一套新软件，将要应用在空军的战斗机上。这是国家一级保密的项目，国外的情报机关不惜重金，要收买该公司的人员，窃取软件的情报。这天下午1点钟，在公司的会议室里，举行了新软件的论证会。

会议是在绝对保密的情况下召开的，会议开到一半，有个工程师不小心把笔掉到地上了，他俯下身子去拾，却发现桌子底下有个奇怪的小盒子，拿起来一看，竟然是用来窃听的微型录音机！

总工程师马上宣布会议暂停，并向警方报了警。摩恩探长迅速赶到现场，他先检查了录音机，录音带上开始没有声音，2分钟以后，听到轻微的关门声，又过了10分钟，听到很多人进来的脚步声和说话声。摩恩探长推测，安放录音机的时间，大约是在12点45分。根据调查，当时有可能进入会议室的，一共是两个人。探长和经理一起，在经理室分别找他们谈话。

首先进来的是女秘书，她说：“我12点40分进会议室，把文件放在桌子上，就马上离开了。”经理看了看她的脚，生气地问：“公司规定上班应该穿平跟鞋，你怎么穿高跟鞋？”女秘书红着脸说：“今天起床晚了……赶着上班，穿错了。”

接着进来的是男清洁工，他说：“我进会议室擦完桌子，就出来了。”探长还没有问话，经理指着他脚上的网球鞋，生气地责问：“你怎么也不按规定穿平跟鞋？”清洁工支支吾吾地说：“我……中午去打网球，忘了换鞋了……”询问完了，摩恩探长告诉经理：“我知道微型录音机是谁放的了。”你认为谁是放录音机的嫌疑人呢？

20. 修理工

某小镇有一阵屡次发生十几个蒙面歹徒抢劫过路司机的案件，当事人稍有反抗，就被歹徒活活打死。

刑警大队根据命令，由萧队长带着两名刑警乔装打扮，开着一辆轿车来到了经常出事的路段侦查情况。

汽车在山道上快速行驶，在一个转弯处，汽车突然失去了控制，萧队长立即紧急刹车，下车后一看，原来两只前胎被路上的铁钉扎破，一点气都没有了。说时迟，那时快，从两边的丛林中蹿出十几个蒙面歹徒，将他们团团围住，其中一个为首的矮胖子挥着枪厉声喝道：“把钱拿出来，不然就打死你们！”三个便衣警察将身上的3000多元人民币以及手机全部交给歹徒，只听一声呼哨，这些人又迅速撤走了。

萧队长叫一个助手看住车，带着另一名刑警来到了附近的一家汽车修理店，他对坐在门口的高个子修理工说：“我的汽车轮胎被铁钉扎破了，请跟我前去更换轮胎。”

高个子修理工一声没吭，去里面拿了两只轮胎，跟着萧队长来到出事地点，迅速地为其换上了好胎。高个子修理工笑着对萧队长说："今天我特别高兴，这两只轮胎免费！"

萧队长也高兴地说："当然要免费了，因为我们的钱都被你们这帮匪徒给抢走了。"说罢他就给高个子修理工戴上了手铐。根据这个罪犯的交代，后来，刑警们又抓获了其他同伙。你知道萧队长是根据什么抓捕高个子修理工的吗？

21. 走私的货品

霍普是个国际走私贩，每年从加勒比海沿岸偷运大量钻石从未落网。根据海关侦查，六个月前他曾在海关露面，开一辆新出厂的黑色高级蓝鸟敞篷车。海关人员彻底搜查了汽车，发现他有三只行李箱都有伪装的夹层，三个夹层分别装有一个瓶子：一个装有砾岩层的标本，另一个装有少量牡蛎壳，第三个装的则是玻璃屑。更奇怪的是，他每月两次定期开着高级汽车经过海关，海关人员因抓不到证据，每次都不得不放他过去。

迷惑不解的海关总长找到名侦探罗利帮忙分析，罗利看着砾岩层、牡蛎壳、玻璃屑深思着。"这些东西有什么意义？"海关总长心急地问，"他到底在走私什么东西？"罗利点燃烟斗，沉思良久，恍然大悟，笑着说："这个老滑头，你把他拘留起来好了。"你知道霍普到底在走私什么东西吗？

22. 盗墓者的自首

一天，一个被警方追踪多年的盗墓者突然前来自首。他声称自己偷来的100块壁画被他的25个手下偷走了。他说，这些人中最少的偷走了1块，最多的偷走了9块。他记不清这25个人各自偷了多少块壁画，但可以肯定的是，他们都偷走了单数块壁画，没有人偷走双数块。他为警方提供了25个人的名字，条件是不要责罚他。警长答应了。但是当天下午，警长就下令将自首的盗墓者抓了起来。你知道这是为什么吗？

23. 自欺欺人

李警官正在值班时，接到一起报案：在河西区有一户人家被盗了。他赶紧驱车前往。

到了被盗人的家中，他注意到屋内陈设整齐，只看见主人被绑在一张椅子上。那位主人看见李警官，惊喜地喊道："快救救我！"李警官给他松了绑，并听他讲述案情："我正在睡午觉，迷糊中看见一个人向我扑来，我拼命地和他搏斗，但最终敌不过盗贼，我被他绑了起来。他在我眼皮底下开始东搜西找，把我家的存折、现金、首饰全部卷走，幸亏我把所有财产都上了保险……"

还没等主人说完，李警官便打断他："请闭上嘴，你这个自欺欺人的家伙，还是跟我回警局吧！"你知道这是为什么吗？

24. 敲门

一日，探长史蒂夫来到某饭店，准备参加朋友的婚礼，就在抵达该饭店的大厅时，他临时获得一个线报：有一对被警方通缉多年的夫妻，正投宿在该饭店的三楼。为了避免惊动这对鸳鸯大盗，史蒂夫决定自己捉拿他们。他向饭店的前台工作人员出示了证件，查看了饭店的住宿记录，发现三楼有三个房间是有人住的。这三间房分别有两男、两女以及一男一女住宿，计算机上显示出的记录是："301：女、女；305：男、女；307：男、男"，史蒂夫想："看来这对鸳鸯大盗一定是在305房间。"于是，他火速冲到三楼，准备一举捉拿他们。然而，就在史蒂夫要撞破305号房门时，饭店经理突然出现了。经理把他拉到一旁，悄声对他说："其实住宿记录已经被人改过了！计算机上的显示和房间里住客的身份是完全不符的。"史蒂夫想了一会儿，只敲了其中的一个房门，听到里面的一声回答，就完全搞清楚三个房间里的人员情况了。请问，他到底敲了哪一间房门呢？

25. 慧眼识罐头

夏日的一个清晨，波兰卡尔拉特市警方得到了可靠的情报，一个化名米希洛的法国走私集团的成员，从华沙市及维瓦尔市弄到许多珠宝，装在一只柠檬罐头里面企图蒙混出境。

该罪犯所带的罐头外形、商标及重量和原装罐头完全一样。为了查获珠宝罐头，女警官尼茨霍娃奉命前去海关协助检查。临行时，局长再三强调，一定不能损坏出境者的物品，以免万一判断失误，造成不良国际影响。

尼茨霍娃警官驱车来到海关后，开始注意带罐头的外国人。果然不出所料，“目标”已到了海关。在接受检查时，那个化名米希洛的人，出境时带着12瓶罐头，都是柠檬罐头。尼茨霍娃知道，靠摇晃罐头无济于事。于是她佯笑地问：“先生，你带的全是柠檬罐头吗？”“当然是。”米希洛彬彬有礼地含笑回答，毫无异色。尼茨霍娃警官淡淡一笑，使了一招，然后取出其中一只罐头厉声问道：“这瓶不是柠檬罐头！”然后她打开一看，果然是珠宝。那化名米希洛的走私犯呆若木鸡地低下了头。你知道女警官尼茨霍娃采取什么妙法，查出了藏珠宝的柠檬罐头吗？

26. 身高破绽

一辆汽车撞伤一个孩子之后逃逸了。和孩子一起的小伙伴称，撞到他同伴的是一位身材高大的男人开的车。警方随即找到了涉嫌者洛桑，可洛桑却说，之前是他的妻子在用这辆车，他妻子的身高不超过1.5米。警员当然不相信，便告诉了洛桑目击者的另一条举证，那就是汽车噪声很大，好像消音器坏了。

“那我们来试试好了。”洛桑当着警员的面打开车门，然后舒舒服服地坐在驾驶室里，发动马达，在街上逛了一圈，一点噪声也没有地回来了。想来是洛桑在警员到达之前已经更换了新的消音器。就在警员盯着洛桑犯难时，他突然发现了洛桑谎言中的破绽，你知道警员发现的这个破绽是什么吗？

27. 慧眼识画

有人拿来一幅画给著名的艺术收藏家乔尼看，这是一幅圆桌武士比武的画。画的是四个武士正从自己的剑鞘中拔出剑来准备战斗，第一个武士的剑是直的，第二个武士的剑是弯的，第三个武士的剑是波浪形的，第四个武士的剑是螺旋形的。只是稍稍看了一眼，乔尼就立刻断定这是一幅假画。请问，你知道乔尼是怎么判断的吗？

28. 支付伪钞

凌晨1时45分，比尔旅馆夜班服务员克罗伯在核对抽屉里的现金时，发现一张面额为100美元的钞票是伪钞。半小时后，旅馆经理霍尔赶了过来。

“你是否记得是谁把这张100美元给你的？哪怕一点印象也好。”经理问。“我没留心。”克罗伯似乎在回忆什么，随即用不容置疑的语调说，“我值班时，只有3个旅客付过钱，他们都没有离开旅馆。”经理眼睛一亮，说道：“没记错吗？”“绝不会错！我今晚收到731美元现金，其中14美元是卖晚报、明信片等物品收进的，其余的现金都收自3位旅客。考纳先生给我一张100美元和24美元的零票；鲍克斯先生给我两张100美元加19美元零票；斯特劳斯先生给我3张100美元以及74美元零票。”经理边听，手指边在桌面上轻轻地弹着，若有所思。“你能肯定他们都是付给你100美元票面的钞票吗？”他问。克罗伯肯定地答道：“请放心，凡涉及钱，我的记忆特别好。”“那好吧，我想我已经找到了给你伪钞的那个人。”经理霍尔说。你知道是谁将伪钞付给了克罗伯吗？

29. 雨后彩虹

一个炎热的夏天，太阳炙烤着大地，让人十分难受。突然天气骤变，随着一道闪电，只听到“轰隆隆”一声响，天上噼里啪啦地下起了雷阵雨，火辣的太阳立刻不见了踪影，豆大的雨点砸向屋顶、马路，打在玻璃窗上。过了一会儿，雨停了，空气一下子变得凉爽起来。雨后的天空，更是出现了一道美丽的彩虹。

忽然，一家银行的报警器响了，原来是有个蒙面人闯入银行进行抢劫，银行员工趁机按响了报警器，抢劫者抢了一点钱就赶紧逃到大街上，混进了大街上的人群里。接到报警的警员火速赶到并封锁了现场，根据目击者说的外形特征，警方很快抓住了三个嫌疑犯，警长高斯当场对这三个嫌疑犯进行了审问。

第一个嫌疑犯说：“当时我在银行对面，听到有人抢银行，才过来看热闹的。”

第二个嫌疑犯说：“雨停了以后，我站在马路对面欣赏彩虹，可是阳光太刺眼了，我看到银行隔壁有一家眼镜店，就准备去买墨镜。”

第三个嫌疑犯说：“我走过银行的时候，外面下起了雷阵雨，只好在里面躲雨，没想到碰上了这桩抢劫案。”

高斯警长做完了笔录，让三个人签了名，然后对身边的警员说：“这三个嫌疑犯当中有一个人在撒谎，暴露了他的罪犯身份，我已经知道谁是真正的罪犯了！”你知道高斯警长说罪犯是谁吗？

30. 叶子下面的古币

布莱克探长接到他的收藏家朋友凯文的电话，说是他有一枚稀有的古币要拿到市场上竞卖。为了安全起见，凯文想请布莱克陪他一起去。

布莱克探长如约赶到事先和凯文约好的地点，想不到看到的却是凯文的尸体，他被钝器击中，死了不到半个小时。布莱克探长在检查凯文的尸体时发现，他的衣服口袋都被翻了出来，显然，凶手是为了寻找古币。就在这时，布莱克注意到凯文的上衣翻领上有一枚绿色的三叶形的徽章，徽章后面有一样东西闪闪发光，他翻开一看，正是古币。他对着凯文的尸体若有所思，把古币放回三叶形徽章的后面，然后走进厨房。不一会儿，凯文的侄子汤姆走了进来，他见状惊问是怎么回事。布莱克从窗台上拿下一盆花，放到桌子上说：“今天早上你叔叔打电话给我，叫我陪他下午去市场拍卖一枚古币，但是凶手抢在了我的前面。不过，他一无所获，因为你叔叔没把古币放在衣兜里。”停顿了片刻，布莱克又摸着衣领说道：“你替我把它拿出来吧，它就藏在叶子下面。”听后，汤姆立即离开厨房，过了一会儿，他从叔叔的身上找到了那枚古币。“为什么要谋杀你的叔叔？”布莱克探长厉声责问汤姆道。请问，探长是怎么认定汤姆就是杀害凯文的凶手的？

31. 拿错手提箱

一列火车即将靠站，这个站很小，停车时间很短。因此，需要下车的旅客们都显得急匆匆的。突然，车上一位女士着急地叫起来：“我的手提箱不见了！”和这位女士同车厢的，正好有侦探戴维，他听到叫声马上赶来，让女士不要着急，并看看是不是有人拿错了她的手提箱。女士赶紧四处张望，果然看到一位男士提的箱子像是自己的。于是，她快步走了过去，抓住那位男士说："你确定这是你的手提箱吗？"

男士一怔，马上道歉说："对不起，我拿错了"，说完便把手提箱还给女士，自己则匆匆朝出口走去。

戴维看到这里，立刻追了上去，对那个男士说道："先生，对不起，你不能下车！"说着，就把男士拉了回来。然后他叫来火车上的警务人员说："这个男人是小偷。"警务人员把男子带到警备车厢里，果然从他身上搜出了很多现金、首饰等值钱物品。请问，戴维是如何看出这个男士是个小偷的呢？

32. 美术馆盗窃案

一家美术馆里发生了失窃案，许多艺术珍品都被窃取。警方经过周密侦查，很快锁定了6个犯罪嫌疑人。下面是这6个人的供词：

埃米说："盗贼不是布莱特，不是大卫，也不是艾伦。"

布莱特说："盗贼不是埃米，不是查理，也不是艾伦。"

查理说："盗贼不是布莱特，不是雷德，也不是艾伦。"

大卫说："盗贼不是埃米，不是雷德，也不是查理。"

艾伦说："盗贼不是查理，不是大卫，也不是雷德。"

雷德说："盗贼不是查理，不是大卫，也不是埃米。"

之后，警方迅速破了案，并发现6个人之中有4个人都曾经撒了1次谎，而其余的供词都是真实的。请问：你能不能根据上面这些条件，找出谁是盗贼呢？

33.《圣经》里的破绽

科比和瑞恩合谋将博物馆里珍藏的价值连城的邮票偷走了，按计划，科比负责引开安保人员，而瑞恩则负责将邮票藏好。

几天后，科比找到瑞恩，商量如何将邮票变卖分赃。谁知瑞恩却以风声紧为由，不愿拿出邮票。科比担心瑞恩想独吞邮票，便坚持让瑞恩将邮票交出来。瑞恩经不住科比的纠缠，只好掏出一把钥匙，告诉科比，自己已经把邮票夹在《圣经》的第47、48页之间，并且将《圣经》放进了三条街外的一个邮局信箱内。他让科比自己带着邮局信箱的钥匙去取邮票，自己则抓紧时间去联络买家。科比拿着钥匙匆匆往邮局赶，走到一半，他突然察觉自己被瑞恩骗了，他沿着原路跑回来时，瑞恩已没了踪影。你知道科比是怎么发觉自己被骗的吗?

34. 一枚珍贵的硬币

很晚了，一家宾馆里的清洁工正在擦拭前厅的内线电话。突然，宾馆大厅传来了玻璃被敲碎的声音，随即警报声响起。警卫以最快的速度赶到现场后发现，大厅展橱里一枚珍贵的纪念币不见了。在展橱的附近只有3位客人，于是警卫礼貌而又坚决地请求3个人留下，直到警探到来。

“我一直在看着他们，”警卫对赶到的探长说，“那个坐在扶手椅上看杂志的是奥莉薇女士，我们要求她待在这里时，她很合作，坐下后就一直在看杂志。皮特先生一直吵着头疼，他到前台要了一片阿司匹林，后来，他担心客房里的妻子担心自己，就到投币电话那给妻子打了个电话。至于格林先生，他一直在这里走来走去。您看，下面我们该怎么做呢？”“我们不需要做什么了，”警探说道，“因为我已经知道谁是嫌疑人了！”你知道吗？

35. 劫案中的破绽

一名女出纳员拎着一个空手提包，到警局报案：“我是××贸易公司的出纳员。今天上午，我从银行里取了10万元钱放进包里，谁知刚出银行大门走到十字路口，一个骑摩托车的歹徒突然冲到我的面前，将我打晕在地。当我醒来时我发现，手提包里的10万元就这样不翼而飞了。”奇怪的是，听完这名女出纳的报案，警察非但没有立即着手展开调查，反倒是将女出纳拘捕了起来。请问，你知道这是为什么吗？

36. 对话中的谎言

下面是一段警长和嫌犯的对话。

警长：“昨天晚上10点案发时，你在哪里？”

嫌犯：“昨天晚上我一直都待在家里。”

警长：“是吗？那为什么你的一位朋友说，当时他去找你，按了半天门铃，你却没有出来开门呢？”

嫌犯：“哦，当时我使用了高功率的电炉，把房间里的保险丝给烧断了，家里停了一会儿电，门铃当然不响了。”

警长：“不要再编造谎言了，你被捕了。”

请问你知道警长为什么这么说吗？

37. 欺诈犯

酒吧里，侦探肖恩身旁坐了一个面孔黝黑的平头青年。他凑近肖恩的耳边，悄声说道：“嘿，伙计，你知道我从哪里来吗？昨天我刚从沙漠回来，理了个清爽的平头，还刮去了长了好几个月的络腮胡子。你知道吗？我去的那片沙漠可是藏有金矿的哟！怎么样？有没有兴趣一起投资啊？……”肖恩端详着青年古铜色的下巴，笑了笑说：“得了吧老兄，如果你想骗钱，下次请把故事编得再像一点吧！” 你知道肖恩是依据什么判断出青年是在骗他的吗？

38. 不是事实

演员霍恩打电话给保险公司，告知对方自己的奔驰汽车被盗了，要求保险公司按保单规定进行赔偿。保险业务代理人斯蒂夫赶到霍恩家中了解情况，霍恩告诉他说：“我的奔驰汽车是我在去东京拍片时被盗的。因为拍片需要，我事先用船把它运到东京。那天，导演宣布剧组放假休息一天，我独自开着奔驰汽车去东京西郊玩了半天。返程途中，我以正常车速行驶，在离市区不远的一个拐弯处，一辆客货两用车突然从我的左边超了过去，并挡住了我的车道。我很生气，想下去和他们理论，谁知我刚一打开车门就被人用木棍打昏了过去。等我醒来睁开眼一看，我已经躺在医院的病床上了，而我的奔驰汽车也消失得无影无踪。”

斯蒂夫将霍恩所说的话整理记下后，将记录递给霍恩请他确认签字。霍恩看了看记录，满意地点了点头，一边签字一边问：“您看，根据这个情况，我最快什么时候能领到贵公司的保险金呢？”“这个嘛，恐怕您是领不到保险金的。”斯蒂夫收起霍恩签过字的谈话记录后说道：“因为你说的不是事实。”请问，为什么斯蒂夫会这么说呢？

39. 充足证据

这天，朱迪正要离开法律事务所时，一位少女神情沮丧地走了进来，这位少女委托她帮自己讨要回父母留给她的珍贵遗产——一只贵重的古代瓷瓶。原来少女的叔叔早就看中了这只瓷瓶，曾多次提出向少女购买。但由于是父母的遗物，少女没有同意。后来，叔叔请求她把瓷瓶借给他回家赏玩一天，谁知到了第二天，少女去叔叔家后，叔叔却翻脸不认，硬说他已经在昨天把古瓶给买了下来，并让女佣作证。

朱迪很同情少女的遭遇，决定接受少女的委托。于是她驱车赶到少女叔叔的家中，叔叔坚持说古瓶是自己花了一千万日元从少女手中买下的。“是的，”站在一旁的女佣接着说，“我亲眼所见，我家主人从钱夹里抽出一千万日元递给自己的侄女，每张日元的面值都是一万，我可是看得清清楚楚啊！”朱迪沉思了片刻，问女佣：“你确定你看见了？”“是的，我看得一清二楚。”女佣斩钉截铁地回答。“那么好吧，看来我们只能法庭上见了，”朱迪冷静地说，“我已经掌握了充足的证据，证明你们是在撒谎。”你知道朱迪掌握的充足证据是什么吗？

40. 求救信号

政府官员詹姆森被害了，劳尔探长负责这起案件的调查。这天黄昏，他驾车来到海港，踏上一条帆船，找嫌疑人鲍里了解情况。

鲍里听到詹姆森被害的消息后，感到十分意外。劳尔请他回忆一下：詹姆森出事的时候，也就是两天前的下午2：00～4：00间，他在哪里，在做什么。

鲍里想了想，说道："哦，那天中午12：00，我驾船出海去了，没想到船开出两个小时后，发动机就坏了。那天天气很好，但海上一丝风也没有，船上又没有船桨，我的船被困在大海上，情急之下，我只好在船上找到了一块大白布，写上'求救'二字，挂在桅杆上等待救援。""哦？后来呢？"劳尔探长问。"后来很幸运的，大概半小时后，就有人在三英里外的海面上看到我的求救信号，驾着汽艇过来把我的船给拖回了港口，我们到达港口的时候差不多已经是黄昏了。"鲍里回答道。谁知劳尔探长听到这里却对他说："鲍里，方便的话，请你现在跟我到警局走一趟。"鲍里大吃一惊，不明白这是怎么回事。你知道这是为什么吗？

41. 机械手表

瑞士一家机械手表经营店停业了3天。这天早上刚开店，就走进来一位顾客。他要求店员打开橱柜，让他看看里面的手表。店员按照他的选择，将其中的一块手表递给他，结果这位顾客反复摆弄了一阵，询问了价钱，最终决定再考虑考虑就走了。可等这位顾客刚离开一会儿，店员就发现橱柜里靠边上的一块昂贵的手表不见了！店员立即打电话报了警，并将店门关闭。

5分钟后，接到报警的巡警赶到现场。店员告诉他说："我敢肯定，今天早上来偷表的家伙是个老手，他的动作实在是太快了，我一直站在他旁边，居然都没看出来。”巡警请他提供这个惯偷的特征，店员想了想说：“这个人的样子很平常，个子高高的，戴一副眼镜，衣着很讲究，但是具体长什么样……我好像没有太留意。”

“如果他真是惯偷，那么档案里一定能查到他的指纹，你知道他当时接触的是哪一块手表吗？”巡警问。“天哪，这可不好说。我们的橱柜里放着100多块表呢，很多款式都是大同小异，凡是来买表的顾客一般都会拿上几块摆弄一番，这个家伙的指纹究竟留在哪块表上，我可真没把握说清楚呢！”店员焦急地回答道。

“不，我认为没你想象中的那样困难。”巡警一边说着，一边指着橱柜中的一块表说：“这就是那个家伙动过的表。”你知道巡警是怎么发现那块被惯偷碰过的手表的吗？

42. 财会室起火案

一天夜里，一家公司的财会室突然起火。虽然值班的会计奋力扑救，但仍有部分账簿被烧毁。警员向浑身湿透的值班会计询问情况，会计称：“几天前，我就发现室内的电线时常冒出火花。今天值班时，我就将全部账簿翻出来想清理一下，不料电线走火酿成了火灾。为了扑灭大火，我跑到隔壁的卫生间去打水，还好我动作比较迅速，否则公司被烧毁的恐怕就不只是部分账簿了。”“你能肯定火灾原因就是电线走火造成的吗？”警员问道。“是的。我们这里严禁吸烟，又没有能自燃的其他物品。而且我救火时，还闻到了电线被烧后发出的味道。”会计肯定地说道。“不，你说的不是事实。一定是那些被烧毁的账簿里藏有什么秘密吧？”警员说。会计听了警员的这句话后，大吃一惊。请问：你

知道警员为什么会这么说吗?

43. 谁是小偷

百货大楼里发生了一起盗窃案，一块名贵的金表被盗了。警方根据现场留下的线索，拘捕了4个犯罪嫌疑人。以下是4个嫌疑人的供词。

嫌疑人A："我看见金表是B偷的。"

嫌疑人B："不是我！金表是C偷的。"

嫌疑人C："B在撒谎，他想陷害我。"

嫌疑人D："金表是谁偷的我不知道，反正我没偷。"

经过调查，4个人中只有一个人的供词是真话，其余的人都说了谎。请问：究竟谁是小偷?

44. 有罪还是无罪

一家百货商店被人盗窃了。经过调查，警方拘捕了3个嫌疑犯：山姆、威廉和杰克。审问后，警方查明了以下事实：

（1）罪犯是带着赃物坐车逃走的。

（2）如果杰克不伙同山姆一起作案的话，他单独一个人是不会去作案的。

（3）威廉不会开汽车。

（4）罪犯就是这3人中的一个或一伙。

你能否根据这些信息判断出山姆究竟有没有罪？为什么?

45. 背影

大街上，一个妇人正在大吵大闹，原来她的钱包被人偷走了。

“能告诉我是怎么一回事吗？”恰巧路过这条街的警探约翰上前问道。

“是这样的，我正在路上走着，突然一个男人从我身后跑了过来，撞了我一下，之后我就发现自己的钱包丢了。”妇人哭哭啼啼地说道。

“那你看见他的长相和穿戴了吗？”约翰问。

“我只看到他的背影，没见到长相。不过他好像是个年轻人，我记得他带了一个黑色的领结。”妇人回忆道。

“你为什么要说假话？是想博取他人的同情然后从中获利吗？”约翰警探生气地说道。

请问，约翰警探为什么会这样说呢？

46. 映月

东北的一个小镇附近，有一条自东向西的河流。一天夜里，这个小镇上发生了一桩谋杀案。法医根据检验推算出案发时间在晚上9点左右，并且警方也很快找到了嫌疑犯。下面是警长同嫌疑犯的审问记录。

警长：“昨天晚上9点左右你在哪？”

嫌疑犯：“我在河边与我的女朋友聊天。”

警长：“你还记得当时你们坐在河岸哪边吗？”

嫌疑犯：“我们坐在南岸，昨天晚上是满月，我还对女朋友说‘河面上映出的月亮真好看！’”

警长："显然你在说谎，看来罪犯就是你！"

请问警长得出这一结论的根据是什么呢？

47. 杀害查理

深夜，华盛顿大街上发生了一起谋杀案。死者名叫查理。警方在现场发现了一个律师公文包，这说明凶手很可能是一个律师。

警方在附近拘捕了三名嫌疑人汉伯格、韦尔和马修，而且确定他们三个人之中有一个就是凶手。三人在接受警方调查时，分别有如下陈述。

汉伯格："（1）我不是律师。（2）我没有谋杀查理。"

韦尔："（3）我是律师。（4）但我没有杀害查理。"

马修："（5）我不是律师。（6）有一个律师杀了查理。"

警方最后发现：第一，上述六条供词中只有两条是真话。第二，这三个可疑对象中只有一个不是律师。那么，你知道究竟是谁杀害了查理吗？

48. 真正的凶手

一天，A、B、C、D四个人一起去餐厅吃饭。席间，D突然跳起来大叫一声："有人在菜里下毒！"说完就倒地毙命了。警方当即传讯与他同桌共餐的另外三个人A、B、C。在警局，他们三个人都被录了口供。

A说："我没有毒死D。我是同C一起坐的。专职的服务员正在为我们上菜。"

B说："D坐在我对面。后来我们又换了新的服务员。服务员没有

毒死D。”

C说：“B没有犯罪。是服务员毒死D的。不关我的事儿。”

由于他们三个人都说了两句真话，一句假话，案情变得扑朔迷离，如果你是警长，你能根据这些口供判断出A、B、C及服务员中谁才是真正的凶手吗？（提示：A在说“专职的服务员正在为我们上菜”之前说了一次谎。）

49. 宝塔上的佛珠

佛光寺内有一座宝塔，因为塔顶上有一颗闪闪发光的佛珠而得名。这一年的中秋节，寺庙里的住持外出化缘，只留下两个徒弟看守寺院。半个月后，住持回来发现佛珠竟然不见了，便询问两个徒弟。大徒弟说：“昨晚我出来上厕所，借着月光，看见师弟爬上宝塔偷走了佛珠。”小徒弟争辩道：“我整夜都待在禅房里，根本没出来过。佛珠不是我偷的，我记得自从您走后，我就没看见宝塔上的佛珠发过光。”住持听完两个徒弟的话立即知道佛珠是被谁偷走的了。你知道了吗？

50. 无效的诉讼

从纽约开往洛杉矶的直达特快列车因为刹车太急导致翻车，很多乘客因此受伤并提起诉讼。一位名叫劳伦斯的乘客在诉讼中提出10万美元的赔偿要求。他声称：自己买的是列车前进方向下铺的票，那天8点钟左右，自己太疲乏，早早地就昏昏入睡了，突如其来的急刹车把他从铺位上抛了下来，害得他一头撞在茶几上。因为剧烈的头痛，他不得不在芝加哥下车求医。他还向法庭出示了一张芝加哥医生出具的颅骨骨折的诊断书。铁路公司保险员米歇尔对这张诊断书的真实性十分怀疑，于是去请教当地著名的侦探查理。查理说：“放心好了，你们不会遇到麻烦的，这名乘客的诉讼是无效的。”请问，查理为什么这样说呢？

51. 道格拉斯的谎言

道格拉斯先生租住在一幢简易公寓里，公寓内有3间房，每两间房之间都是用纸糊的隔屏隔开，每间房当中的屋顶上都分别安装了一盏电灯。道格拉斯住在中间的房间里。因为一起案件，他受到警方怀疑，他是否能摆脱怀疑的关键之处就在于，他是否能证明晚上9点半左右他是自己一个人待在屋里的。道格拉斯一口咬定自己一个人在房间里。两边的房客也分别证实了这一点。两个房客都说，在那个时间段里，的确在隔屏上看到了一个人影。

听到房客的话，警察马上认定道格拉斯说谎了。请问，警察这样判断的依据是什么呢？

52. 目击者的谎言

深夜11点，威尔大街上发生了一起事故。一个人从楼顶上掉了下来，有位现场目击者一口咬定死者是自己摔下来的。这位目击者说：“因为天下着大雪，我在附近的一家餐馆里足足坐了2个半小时，11点的钟声敲响时，大街上一个行人也没有。我径直跑进自己的车里，就在这时，我看到楼顶上站着一个人，他犹豫了片刻，就跳了下来。”

警长听了目击者的证词，神情严肃地盯着目击者说：“你为什么要撒谎？”目击者一听，顿时吓得脸色苍白。请问，警长是如何识破目击者的谎言的？

53. 囚禁少女的小屋

炎热的夏日，一个双目失明的少女被绑架了，第二天，她侥幸逃脱并来到警局报案，她告诉警察，她被关在海边的一间小屋里，这间小屋非常闷热，但到了夜晚会有风从窗外吹进来。警察根据少女提供的线索在海边同时找到了两间小屋，海岸面向海的方向是南面，北面对着的是丘陵。这两间小屋一间窗户朝南，一间窗户朝北，尽管两间小屋都被打扫得不留一丝作案痕迹，但是警察还是立刻知道了少女被囚禁的小屋，你知道是哪一间小屋吗？

54. 情人还是学生

黛妮小姐穿着睡衣，在自己家中被人刺死，警探查看大楼外面的监控录像时发现，黛妮小姐遇害的时间段里，只有两个人进入过这栋大楼，一个是她的情人，一个是她的学生，但这两个嫌疑人都声称自己按了门铃，可黛妮小姐没有开门。警探想起黛妮小姐的房门上装有一个猫眼，立刻就知道谁是凶手了。请问你知道吗？

55. 约翰遇害真相

荒野中，有个叫约翰的男子被人绑在树上窒息而死。克雷侦探到了出事地点，协助警方侦破此案。他发现约翰的嘴被堵着，脖子被生牛皮绕了三圈。经警方鉴定死亡时间是在下午四点左右。警方马上逮捕了一个嫌疑犯。

但经过调查，此人从上午至下午尸体被发现为止，不在作案现场。警方找不到证据，要释放此人。不料被克雷拦住，他详细地做了一番分析，此人终于承认了自己的罪行。

请问：凶手是用什么手段蒙蔽警方的？

56. 画家遇害

一个风雪交加的夜晚，著名画家米特太太在家中遇害了。

“我把来访的两位客人带进会客室时，她已经死了”，管家对前来调查的警探说。

米特太太是头部中的枪，她左手握着一把手枪，从外表看来，她应该是死于自杀。但在对两位访客及管家进行询问时，警探得知其中一个访客是米特太太昔日的情人，两年前去了柬埔寨挖金矿，昨天才带着赚到的钱回来。另一个访客和米特太太一样，也是名实力派画家，不过最近因为自己的画作卖不出去，他改行做设计工作，他原本不认识米特太太，这次来是听说米特太太的著名作品《春》剽窃了自己的作品，所以前来追究索赔的。而管家告诉警探，米特太太早在一个月前就因疾病而导致左手手指麻木，已经不能持笔创作了，为此她一度很沮丧。警探根据这些排除了米特太太自杀的可能，并指认出了凶手。那么凶手到底是谁呢?

57. 便衣和嫌疑犯

侦探柯林先生和他的朋友正在大街上散步，忽然看见前面有两个人手铐着手往警局方向走，原来是便衣警察抓了嫌疑犯，于是柯林先生和他的朋友打赌，站在右边的那个人一定是警察，左边的是小偷，当他们上前询问时，果然是这样，你知道柯林先生怎么辨认出警察和嫌疑犯的吗?

58. 嫌疑最大

某单位有A、B、C、D、E 5个人以三班倒的形式轮流在仓库值班。他们上班的时间分别为：A和B上白班，A上到16点下班回家，这时C来接班，因为中班只有C一人，所以B要和C一起上到20点，等D来接班时，B下班，然后由C和D一起接着上班，C上到24点下班，这时E再来接班，由E和D一直上到早上8点，等待A和B重新接班。这一天，仓库里进了一批货，一共是10个箱子，本来B应该是20点下班，可因为他临时有事，请假在19点时离开，临走时，仓库老总来落实过箱子的数量，并要求 C用一个大箱子把10个小箱子装起来，封上胶带，然后B和老总一起离开。20点时D来接班，C将之前的封箱向D做了交代，两人清点后正常上班。24点E来接班，C正常下班，留下D和E一起接着值班。因为夜班比较辛苦，D和E商量着晚上轮流睡觉，仓库里面有间小屋，刚好可以睡觉，E怕后半夜坚持不住，所以提出让D先睡，D就进屋睡了。到凌晨4点多的时候，E叫D起床，到早上7点的时候，两人换着去食堂吃饭，然后等8点时A、B来接班。D和E走后，A和B进行清货，却发现大箱子里少了3个小箱子。如果排除共同作案，你认为这5个人中，谁的嫌疑最大？

59. 名画被盗

警探查尔斯夜间值班时，突然接到一个匿名短信，上面写着：“博物馆里有一幅世界名画被盗，请速来侦破。”查尔斯立即带上人手前往博物馆。只见博物馆的大厅里正站着一男一女两名管理员。查尔斯介绍说：“我是查尔斯警探，刚才接到通知，说贵馆有幅名画被盗了，想知道具体情况。”女管理员说：“今天7点钟下班时，我们两个一起锁的博物馆大门，然后就回家了。但几分钟前，他打来电话通知我，说是有幅名画被盗了，让我赶快过来。”男管理员说：“我回到家后，想起有本书遗忘在展厅了，10点钟我又回来取书，发现名画不见了，就马上打电话叫她过来。”查尔斯问：“你们晚间关门的时候，名画还在吗？”“当然还在。”男管理员回答道。查尔斯又问：“你们是一起走的吗？”两个管理员都说是一起离开的。查尔斯转身让女管理员说说自己的看法。女管理员说：“我不知道发生了什么事，依我看，一定是偷盗人偷了名画之后，给你发了短信，故意想把水搅浑，这种贼喊捉贼的把戏早就屡见不鲜了。”“你说得对极了！”查尔斯说道。随后，查尔斯吩咐随行的警员逮捕了两个管理员中的一个人。你知道他逮捕的是谁吗？究竟是谁偷走了馆内的名画呢？

60. 谁会是罪犯

有一天，某国首都的一家珠宝店被盗贼窃走了一颗价值5000美元的钻石。经过几个月的侦破，查明作案的肯定是A、B、C、D这四个人当中的某一个。于是，这四个人被作为重大嫌疑对象而被拘捕入狱，接受审讯。以下四个人的供词中有一些互相矛盾的内容。

A：不是我作的案。

B：D就是罪犯。

C：B是盗窃这颗钻石的罪犯。

D：B有意诬陷我。

因为几个人供述的内容互相矛盾，谁是真正的罪犯还无法确认。现在，我们假定四个人当中只有一个人说了真话。那么请问：谁是罪犯？

61. 谁是盗窃犯

有个法院开庭审理一起盗窃案件，某地的A、B、C三人被押上法庭。负责审理这个案件的法官是这样想的：肯提供真实情况的不可能是盗窃犯；与此相反，真正的盗窃犯为了掩盖罪行，一定会编造口供。因此，他得出了这样的结论：说真话的肯定不是盗窃犯，说假话的肯定就是盗窃犯。审判的结果也证明了法官的这个想法是正确的。

审问开始了。

法官先问A：“你是怎样进行盗窃的？从实招来！”A讲的是某地的方言，法官根本听不懂他讲的是什么意思。法官又问B和C：“刚才A是怎样回答我的提问的？他说的方言是什么意思？”B说：“禀告法官，A

的意思是说，他不是盗窃犯。”C说：“禀告法官，A刚才已经招供了，他承认自己就是盗窃犯。”B和C说的话法官是能听懂的。听了B和C的话之后，这位法官马上断定：B无罪，C是盗窃犯。请问：这位聪明的法官为什么能根据B和C的回答，作出这样的判断？A是不是盗窃犯？

62. 间谍

在一列火车的某节车厢内，有四位乘客面对面坐在一起。他们身穿不同颜色的大衣，具有不同的国籍，其中两人是靠窗坐，另外两人是挨过道坐。现在已经知道:

（1）他们的座位分别为A、B、C、D，其中有一名身穿蓝色大衣的旅客是个国际间谍。

（2）英国旅客坐在B先生的左侧。

（3）A先生穿褐色大衣。

（4）穿黑色大衣者坐在德国旅客的右侧。

（5）D先生的对面坐着美国旅客。

（6）俄国旅客身穿灰色大衣。

（7）英国旅客把头转向左边，望着窗外。

请想想看，谁是穿蓝色大衣的间谍？

63. 是谁干的

强尼和特勒各有两个儿子，4个男孩都很淘气，但是强尼的两个孩子很诚实，不说假话，而特勒的两个孩子却一贯喜欢撒谎。这天，他们4个孩子中有个孩子在雪白的围墙上画了很多乱七八糟的图画，并写下一句话："这不是小强尼的弟弟干的。"你能猜出这件坏事到底是谁干的吗？

64. 真话谎话

法庭上，三名证人受到传唤为案件作证。当证人们分别陈述完证词后，法庭要求他们证实自己或他人的证词是否属实。结果埃拉说："比恩说谎。"比恩说："塞斯说谎。"塞斯气愤地说："埃拉、比恩都说谎。"如果只根据这三句话，你如何判断谁说的是谎话，谁说的是真话？

65. 接手案件

律师事务所里有托尼、鲍勃、詹姆斯、史密斯四位律师，他们一年接手的案件数如下：

（1）史密斯比詹姆斯接手的案件多；

（2）托尼、鲍勃两位律师接手的案件数量合在一起，同史密斯、詹姆斯两位接手的案件数量总和一样多；

（3）鲍勃、詹姆斯两位律师接手的案件数量合起来比托尼、史密斯两位律师合起来的要多。请问：哪位律师接手的案件最多？

66. 打碎的玻璃

A、B、C、D四个孩子在院子里踢球，不小心把一户人家的玻璃打碎了，可是当房主人问他们是谁把玻璃打碎的时：A说："是C打的。"C说："A撒谎。"B说："不是我打的。"D说："是A打的。"已知，他们中有一个孩子很老实，不会说假话，其余三个人说的都是假话。你能否推出说真话的是谁，玻璃又是谁打碎的？

67. 谁是主谋

甲、乙、丙三人涉嫌同一件谋杀案被传讯，这三个人中，一人是主谋，一人是从犯，一人是目击者。下面三句话摘自他们的口供，每句话都是这三个人中的某一个人所说，说话的这个人所说的对象不是他自己。这三句话分别是："甲不是从犯。""乙不是主谋。""丙不是目击者。"只有目击者说的才是真话。你能判断出甲、乙、丙三个人谁才是主谋吗？

第四章　答案

1. 这份案例中共有4处错误：

（1）中午，当太阳高悬天空中时，不论树木多高多矮，都不会有影子。

（2）水源靠地下涌泉补充的湖是没有水流的。

（3）海鳟是海水鱼，不应在湖中。

（4）贩毒犯开始往回划时是“午夜刚过10分”，因此“午夜时分”巡逻队不可能在对岸发现他们的船。

2. 首先，根据黄石上的提示，蓝石对应的应该是黄石。其次，根据红石的提示，紫色石头对应的应该是红色石头或者绿色石头。可是，紫色石头不可能在红色石头下面，否则，按照蓝石的提示，绿石就会在绿色石头下面了。所以，绿石下的应该是紫色石头。再根据紫色石头的提示，可以得出，紫色石头下的是红石，红石下的是蓝石。然后，该选择哪一条路，答案就出来了。

3. 塞克在3个地方露出了马脚：作为警官，在8月仲夏，仍然戴着手套是违背常理的；当塞克给苏格兰场打电话时，他没有要任何人听电话，这样的电话接线员是无法接通的；塞克最初说有一伙歹徒要抢劫公司，但不知有多少人，而后无意中又透露出是3名歹徒，话语前后矛盾。

4. 用假设法分别设苏珊、丽娜、简、露丝说了真话，看是否与题意矛盾，就可以得出答案，四个女孩中只有露丝说的是实话，简偷了戒指。

5. 第一个队友说的是真话，奖杯在第三个队友那儿。假设奖杯在第一个队友那儿，那么第二个、第三个队友说的都是真话，与题目矛盾。

假设奖杯在第二个队友那儿，那么第一个和第三个队友说的都是真话，也不符合题意。

6. 安丁是受伤者。（1）和（2）提供的信息表明卡姆是单身，而受伤者是有妻子的，所以卡姆没有受伤。根据（4），戈丹目睹了整个事故发生的经过，所以戈丹没有受伤。根据（2），穆勒的妻子不是受伤者的妻子，所以受伤的不是穆勒。根据（2）、（3）、（5），穆勒的妻子是受伤者的妻子的姐姐，而她没有外甥女，也没有侄女，说明受伤者没有女儿，而朗姆有女儿，因此受伤的不是朗姆，所以安丁是那位不幸的受伤者。

7. 首先我们可以从1号牢房里的人的回答中推知，1号牢房里的人肯定不是牧师。因为如果他是牧师，那么他是说真话的，这样他就应该说："我是那个牧师。"既然1号牢房的人不是牧师，就可以推断出3号牢房的人是说假话的，因此关在3号牢房的人不是真正的牧师。因为1号和3号牢房中的人都不是牧师，所以真正的牧师是2号牢房的人。而真正的牧师是说真话的，所以关在1号牢房的人是骗子，关在3号牢房的人是赌棍。

8. 乙是罪犯。由条件（2）、（3）、（5）可知，甲和丙没有做这件事；由条件（1）可知，甲、乙、丙至少有一人做了这件事，那么乙一定做了；由条件（4）可知，只有乙一个人有罪。

9. 眼睛是心灵的窗口，在哈里佯装摔花瓶的时候，马代的眼睛露出心疼并生气的眼神，而马丁的眼神却显得毫不心疼。

10. 结婚戒指戴在左手是美国的风俗，戴在右手是丹麦的风俗。大维让她们弹琴，一是看她们的琴技，二是看清她们是如何戴结婚戒指的。因为霍克是丹麦人，所以他的“新娘”的结婚戒指戴法应符合丹麦风俗。

11. 梅格雷警官看到那条狗跷起后腿撒尿，便立刻识破了那个男子的谎言。因为只有公狗才跷起后腿撒尿，而母狗撒尿时是不跷腿的，然而，那个男子却用“梅丽”这种女性的称谓叫那条公狗。如果他真是这家的主人，是不会不知道自己家所养的狗的性别的，所以，他就不会用女性称谓去喊公狗了。由于这条狗长得毛乎乎的，小偷从外表上根本看不出它的性别，便随口胡乱用了女性的名字叫它。

12. 服务员的建议是：把该人带到美容院剃成光头，三七开式的分界线就会明显地暴露出来。因为盛夏在海滨住了半个月以上，分界处的头皮和面部一样会受到日光的强烈照射，头发剃光后，光头上就会出现一条深色的分界线。

13. 犯罪的证据就是那把52号行李箱钥匙的复制品。为了骗取钥匙，这帮窃贼首先存入他们自己的行李，然后派人用复制的钥匙取出别人存入的箱子，所以他的口袋里一定有一把同样的钥匙复制品。

14. 警员判断的依据是头发。因为剪过的头发和没剪过的头发相比，在发梢那里要更整齐些，女佣应该是在昨天早晨做卫生时，悄悄拿走了马休掉落的一些头发，然后在当天晚上勒死苏珊时，故意将其塞到苏珊的手里，造成是马休作案的假象。可惜她没有料到，马休在昨天中午就剪了头发，所以模特手里拿的头发与马休实际的头发不同。

15. 托尼探长叫乘警通过广播寻医就是要让劫宝杀人犯自动现形。当广播说9号车厢有一位病人需要抢救时，劫宝杀人犯立刻坐不住了，他要去看看广播中所说的那个人是不是自己害的那个人。当听说病人已苏醒过来时，他害怕被认出来，所以准备等火车到站后赶紧逃跑，没想到惊慌之下暴露了自己。

16. 火车进站的时候，由于车速很快，所以会在火车周围形成强大的低气压，但是这样的气压不会将人向后吹倒，反而会把穿宽大衣服的人吸过去。因此，贵妇显然在说谎。而且她送父亲到曼彻斯特治病，竟然没有携带任何行李，这更让人怀疑她早有预谋，治病只是个幌子而已。

17. 饲养员是窃贼冒充的，因为犀牛是食草动物，不吃牛肉。

18. 嫌疑犯是亨利。根据有两条：亨利是药店老板，竟然不知道麦冬这种常用的药草具有的疗效，这说明亨利并不是真正的药店老板；在5点零2分时，吉力尔船长见屋外有人影一闪，这肯定是一名游客，因为除了游客以外，4位工作人员都在屋内。待吉力尔等人回到古堡时，9名游客全在。在短短的8分钟内，这名游客要跑过杂草丛生的小路去船上把发动机的进油管割断，然后再回古堡，一来一回奔跑约1400米，这只有26岁的亨利这样身强力壮的年轻人能做到。

19. 是清洁工，他穿的是网球鞋，录音带上不会留下脚步声，而女秘书穿的是高跟鞋，如果是她作案，录音带上一定会留下高跟鞋的脚步声，但录音带上却没有记录下高跟鞋的声音，所以嫌疑人不是女秘书。

20. 萧队长根本就没讲他们汽车轮胎的型号，也没讲是几只，高个子修理工却知道得一清二楚，直接拿了轮胎就给他们换好了，这就说明他刚才参与了抢劫，见过他们的汽车。

21. 霍普走私的正是他每月定期开过海关的高级轿车，而他那3个神秘的行李箱是迷惑转移海关视线的工具。当海关人员为此而头昏脑涨时，也就忽视了他走私的轿车。

22. 假如100这个数可以分成 25个单数的话，那么就是说奇数个单数的和等于100，即等于双数了，而这显然是不可能的。因此，100块壁画分给25个人，每个人都不分到双数是不可能的。显然，自首的盗墓者说了谎话。

23. 因为这家主人是伪造被盗。如果他与盗贼进行了搏斗，屋内就会混乱不堪，而事实上却很整齐。而且他还被绑着，那么报警的人是谁呢？由此可推断，应该是主人找人帮自己伪造被盗现场，其目的是为了获取保险赔偿金。

24. 史蒂夫敲了305房间。因为经理说计算机标示和房间的住客身份完全不符合，表示305房间里一定是两女或两男；如果敲了305的房间，听出了声音是男或女，就可以知道 305房间里是两男或两女。假设305房间里是两男，则原本的301房间里一定是一男一女，而307房间里则是两女。而另一种可能性是，305房间里是两女，则原本301房间里一定是两男，307房间里则为一男一女。

25. 女警官拿来一块木板，倾斜一定坡度摆放，将12只罐头并列在木板上滚动，其中一只因密度不同滚得较慢，即是珠宝罐头。

26. 洛桑的妻子身材矮小，洛桑本人身材高大，所以如果之前是妻子开车的话，那么洛桑上车的时候，汽车座椅和反光镜都需要重新调整，可洛桑并没有这么做，而是直接舒舒服服地上去开动了车，这说明他在说谎。

27. 中古时期的绘画都是基于现实的，这幅画中的第三个武士的剑根本无法从剑鞘中拔出来，所以是伪造的。

28. 是考纳。因为克罗伯收款时，考纳只给了他一张100美元的钞票，没有其他100美元钞票对比，所以克罗伯没有识别出来。若是其他两位客人付两张或三张100美元的钞票，真假混在一起，则克罗伯就会很容易发现假钞了。

29. 第二个嫌疑人是罪犯。因为彩虹的位置总是和太阳相反的，看彩虹的时候，是不可能看到太阳的。

30. 汤姆从他叔叔的尸体上找到了古币就说明了他是凶手。因为布莱克探长只是告诉他古币藏在叶子下面，正常情况下，汤姆对于叶子的理解只可能是他放到厨房桌子上的花盆中的叶子，而不应该想到叔叔衣领上的叶子图案，之所以他能找到，只能说明之前他翻找过他叔叔身上的口袋。

31. 如果男士真的拿错了手提箱，应该在这个时候去找自己的手提箱，而不应该匆匆下车，显然他是做贼心虚，在被发现了以后，想要赶快逃离。

32. 盗贼是查理。因为只有查理被4个人提到过，由于所有供词中只有4个是假的，因此盗贼就是查理。

33. 《圣经》的第47、48页是同一张纸，瑞恩根本不可能将邮票夹在它们之间。

34. 前厅里有内线电话，可皮特不用，反倒用投币电话给妻子打电话，不符合正常逻辑。因为丢失的是纪念币，所以皮特应该是选择把偷来的纪念币投进了电话匣子里。

35. 如果女出纳所说的是事实，那么劫匪应该直接抢了她的手提包就逃离现场，不可能从包里将10万元拿出来而将包留下。显然，女出纳是想通过报假案私吞这10万元。

36. 门铃使用的是干电池，不受停电影响。

37. 如果青年真的在沙漠里待了好几个月才回来，那么刮去胡子的下巴应该明显地和晒得黝黑的面孔颜色不一样。

38. 在日本，超车的规定是行驶车辆必须从前面车辆的右边超车，而霍恩说的显然不符合日本国情，可见他是在撒谎骗保。

39. 证据就是女佣的证词，每张面值都是一万的日元共计一千张，是根本不可能用皮夹装下的。女佣的证词不过是事先和她叔叔合计好了的谎言。

40. 鲍里说当天一丝风都没有，那么写着求救内容的白布又怎么可能被升到桅杆上被人看到呢？这说明鲍里在撒谎，很有可能是想隐瞒什么。

41. 手表店停业了3天，机械手表应该都已经停了，但是被惯偷碰过的那块表却会走动起来，所以巡警很快从这些表中将它找了出来。

42. 电线短路引发的火灾，用水是不能扑灭的，还会让灭火人触电。

43. D是小偷。因为A和B的证词的前半部分完全对立，B的供词后半部分和C的供词完全对立，因此这4句话中必定有2句是真的。由于最多只有一个人的供词是真的，所以B的话一定是半真半假，而D的供词就肯定是假的，故他就是小偷。

44. 山姆有罪。因为根据第（3）条信息，开车的只会是山姆或杰克，而根据第（2）条提示，杰克肯定和山姆在一起，所以很显然，山姆有罪。

45. 妇人说的话前后矛盾，既然只看到小偷的背景，又如何知道他戴的是黑色领结呢？

46. 嫌疑犯说是在东西流向的河南岸坐着，那么他应该是面朝北面的。在北纬29度线以北可以看到月球和太阳一样在天空的南部东升西落。所以如果他面朝北，是看不见月亮在河水中的倒影的。

47. 供词（2）和（4）中至少有一条是真话，如果（2）和（4）都是真话，那就是马修杀了查理。这样，根据①，（5）和（6）都是假话。但如果是马修杀了查理，（5）和（6）就不可能都是假话。因此马修并没有杀害查理。于是，（2）和（4）中只有一条是真话。根据②，（1）、（3）、（5）中不可能只有一条是真话。因此（1）、（3）、（5）都是假话，（6）是真话。由于（6）是真话，所以的确有一个律师杀了查理。还由于马修没有杀害查理，证明（3）是假话，即韦尔不是律师。（1）是假话，即汉伯格是律师。从而得出（4）是真话，（2）是假话，所以结论就是汉伯格杀害了查理。

48. C是凶手。根据提示，A在说“专职的服务员正在为我们上菜”之前说了一次谎，可以判断出“专职服务员正为我们上菜”是句真话。那么B口供中“后来我们又换了新的服务员”是假话。由此得出另外两句话是真话，即服务员不是凶手。再看C的口供，“是服务员毒死D”的这句话是假话，而“B没有犯罪。不关我的事儿。”是真话。所以再看A的口供，因为B说“D坐在我的对面”是真话，所以“我是同C坐在一起的”是假话，“我没有毒死D”的真话，综合起来，A、B和服务员都不是凶手，凶手就只能是C了。

49. 中秋过后半个月正好是八月三十，那时不可能有月光，大徒弟在撒谎，是他偷了宝塔上的佛珠。

50. 因为此人的铺位是与列车前进方向一致的，列车急刹车时，该铺位的乘客只会被墙板挡住而不会被惯性地抛出，劳伦斯夸大其词的说法正好说明了他在撒谎。

51. 房中只有一盏电灯，一个人只有一个影子，不可能同时出现在两侧的隔屏上。如果两侧的隔屏上同时出现一个人的影子，就可以断定当时中间房子里是两个人或两个人以上。

52. 当时下着大雪，目击者的车在外面整整停了两个半小时，目击者进入车内后，车窗上的积雪是不可能让他看见那个人是如何从大楼上摔下来的。

53. 少女被关在窗户朝北，即面对丘陵的那间屋子里。因为海岸一到夜晚，陆地上的气温要比海面的温度容易冷却，这种凉的空气就从丘陵向海上流动，所以从朝北的小窗口吹来阵阵清风。反之，白天由于陆地很快变热，风就改从海上吹来，而在早晚气温相同的时候，海岸上就处于无风状态了。

54. 凶手是情人。因为死者穿着睡衣，通过猫眼看到情人来了就没换衣服。

55. 凶手上午把约翰绑在树上，用生牛皮在他脖子上绕了三圈，但没有紧到令人窒息的程度。然后凶手就离开了现场。生牛皮在烈日的照射下渐渐干燥，慢慢紧缩，终于约翰在下午四点左右死去。

56. 是米特太太昔日的情人。因为只有他才可能知道米特太太是左撇子，而又不知道其实一个月前，米特太太的左手出了问题，所以他才在杀害了米特太太之后，故意将手枪放到她的左手上，伪装出米特太太自杀的假象。

57. 警察会将手铐的一端铐住嫌疑犯的右手，另一端铐住自己的左手，因为这样，当嫌疑犯有任何不轨行为时，警察都能马上用自己的右手掏枪，将对方制服。

58. 仔细看5个人的工作都有时间差，有嫌疑的是C和E。因为D没有作案时间，E来的时候，D和C在一起，而后D一直在里屋休息，由E在外面值班。所以这段时间E有作案可能。而A和B也肯定没有嫌疑，因为他们是在箱子清理好之前离开的。C有一定的独处时间，所以可能作案。但因为C曾向D交代确认过密封的箱子，所以排除作案，所以嫌疑人只有E了，E是真正的窃贼。

59. 查尔斯警探只字未提匿名短信的事，女管理员却自己先说出来，所以疑犯就是她。

60. A是罪犯。因为B和D的话是互相矛盾的，B和D的话不能同真，不能同假，因而必有一真，必有一假。从这里可得知，A和C都是说假

话。从A说“不是我作案的”这句话假，可推出罪犯是A。

61. 不管A是盗窃犯或不是盗窃犯，他都会说自己“不是盗窃犯”。

如果A是盗窃犯，那么A是说假话的，这样他必然说自己“不是盗窃犯”；如果A不是盗窃犯，那么A是说真话的，这样他也必然说自己“不是盗窃犯”。在这种情况下，B如实地转述了A的话，所以B是说真话的，因而他不是盗窃犯。C有意地错述了A的话，所以C是说假话的，因而C是盗窃犯。至于A是不是盗窃犯是不能确定的。

62. 根据题意可以知道，1号和2号座位靠窗，且1号在2号前面，3号和4号位置靠近过道，且3号在4号前面。从条件（2）、（7）可推出，2号位置坐的是英国旅客，4号位置是B先生；从（4）推出，3号位置是德国旅客，其右侧穿黑色大衣的是1号；因为根据四人的座位，坐在右侧的只有4号和1号，4号是B，所以穿黑色大衣的只能是1号。B先生对面是德国旅客；2号位置是英国旅客，那么美国旅客只能是在1号位置，英国旅客是D，余下的4号位置是B先生，俄国旅客；从（6）知道俄国旅客穿灰色大衣，从（3）知道A先生穿褐色大衣，只能是德国旅客，因为1号美国旅客是穿黑色大衣的，所以美国旅客是C先生。综上，1号C先生是美国旅客，穿黑色大衣，3号A先生是德国旅客，穿褐色大衣，4号B先生是俄国旅客，穿灰色大衣，2号D先生是英国旅客，只能穿蓝色大衣，是国际间谍。

63. 假设这件事是小特勒兄弟干的，而小特勒兄弟一贯撒谎，那么这句话就是假话，从而推出这是小强尼弟弟干的，推出的结论与假设不符，因此假设不成立；既然排除了这件事不是小特勒兄弟干的，那就是小强尼兄弟干的，小强尼兄弟只说真话，那么这句话就是真话，从“这不是小强尼弟弟干的”，推出这事是小强尼哥哥干的。

64. 如果埃拉说的是真话，则推出比恩说谎，而比恩说“塞斯说谎”，则推出塞斯说的是实话，即“埃拉、比恩都说谎”，与假设矛盾，所以不成立。从埃拉说谎，推出比恩说的是真话。所以“塞斯说谎”是真的，而塞斯说“埃拉、比恩都说谎”，其中比恩没说谎，所以符合比恩的话。从而得出结论：比恩说的是真话，埃拉和塞斯说的则是谎话。

65. 从已知推出，鲍勃比史密斯多，因为当鲍勃与史密斯对调后，就由原来接手的案件一样多变成不一样多，鲍勃在多的一边，因此，鲍勃比史密斯多。根据这一推理，推出詹姆斯比托尼多，否则，托尼比詹姆斯多，鲍勃加上托尼就比史密斯加上詹姆斯多了，与已知（1）相矛盾。而从已知（1）知道，史密斯比詹姆斯接手的案件多。所以结论为：鲍勃接手的案件最多，之后依次是史密斯、詹姆斯、托尼。

66. 已知只有一个孩子说的是真话，其余三人说假话。如果A的话成立，是C打的，则从C和B两人说的话可知，与题意不符，因此不成立；如果D的话成立，是A打的，则从C、B、D三人的话中可知，与题意不符，因此不成立；如果是D打的，则有B、C两人说对了，也不成立；余下的只有B，如果是B打的，则A、B、D都说错了，只有C说得对，与题意一致，因此成立。所以得出结论，说真话的是C，玻璃是B打破的。

67. 根据已知，推出说“丙不是目击者”的不是丙，也非目击者，所以推出此话不是真话，从而推出丙是目击者。假设第一句话不是丙说的，即这句话就是假话，从而推出“甲是从犯”，那么，“乙不是主谋”这句话就是丙说的，但这样一来，甲、乙都是从犯，不合题意，所以不成立；所以得出第一句话是丙所说，即甲不是从犯，从而推出甲是主谋，乙是从犯。

第五章

匪夷所思

1. 道尔破案

一天，某男爵的遗孀拜访柯南·道尔，向他谈了一件令人难以置信的事："5年前，先夫不幸去世，我为他建造了一座墓。谁知道从那以后，每年冬天，墓石就会移动一些。前天，我请了一位巫师来召唤先夫的灵魂，可是没有任何反应。先生，我是多么希望能与先夫的灵魂对话啊！"说着，她从手提包里取出一张照片给柯南·道尔看。这是男爵的墓地照片——在一块很大的台石上面，放着一块球形的大石头。"由于先夫生前爱玩高尔夫球，所以临终时曾嘱咐我要给他造个像高尔夫球那样形状的墓。这张照片就是在墓建成之后拍的。球石正面还雕刻了十字架。现在，这个球石差不多移动了整个台石四分之一的距离，十字架也一点一点地被埋在下面，都快看不见了。"

"球石仅仅是在冬天移动吗？"柯南·道尔问。

"是的。这个地方的冬季特别冷。每年一到冬天，我就到法国南部的别墅去，春天再回来，并去先夫的墓地扫墓。每次去扫墓，我总是发现球石有些移动。我想，是不是先夫也想与我一起去避寒，要从墓石下面出来？"

柯南·道尔请夫人带他去墓地看看。

在一堆略微高起的土丘上，墓地朝南而建，四周有高高的铁栅栏围住，闲人不能随便进入。在沉重的四方形台石上面，有一个用大理石做成的直径80厘米的球石，为了不使球面滑落，台石上挖了一个浅浅的坑，正好把球嵌在里面。浅坑里积有少量的水，周围长满苔藓。如果球石的移动是有人在故意开玩笑，用杠杆来移动它，那在墓地和苔藓上也该留有一道痕迹，可又一点痕迹也没有；如果有人不用杠杆而用手或身体其他部位去推球石，那凭一两个人的力气是根本推不动的。

柯南·道尔摸了一下浅坑里的积水，沉思了片刻之后说："夫人，墓石的移动是一种物理现象，与男爵的灵魂没有任何关系。"

你能解释柯南·道尔所说的物理现象是怎么一回事吗？

2. 跟踪谜团

私人侦探艾诺独自经营着一家小小的事务所，生意十分兴隆。这天，事务所里来了一个戴着墨镜的男子。他对艾诺说："我想请你对一个人进行跟踪，严密监视她的一举一动，而且千万不能让她察觉。"

"那很容易！跟踪这事儿，我干过不止一两回了，哪一回也没出过岔子。请问要跟踪多久呢？""一个星期就行！到时我将来这儿取报告。"说完，那个男人掏出厚厚一叠纸币交给了艾诺，然后又取出一张少女的照片，放在那叠纸币上。

第二天，艾诺立即开始了跟踪行动。他在那个少女家的附近暗中监视。没过多久，他就看到照片上的那个少女从家中出来了。这个少女的家看上去并不豪华，少女本人也算不上是个美女。为什么那个男子要不惜花费重金对她进行跟踪呢？艾诺感到这事有点蹊跷。

看样子，这个少女是个喜欢旅游的人。她并未察觉到有人跟踪，径直走到火车站，买了一张车票。少女在一个小站下了车，来到山上一家小旅店住了下来，看样子是来游览高原风光的。她一天到晚总是出去写生，从不和任何人交往。艾诺巧妙地隐蔽跟踪，躲在远处，用望远镜监视着她。可是三四天过去，他根本没有发现少女的行动有丝毫可疑之处。她既不像间谍，也不像是来寻找什么宝藏的，为什么那个男子要监视、跟踪她呢？艾诺十分纳闷。

一周时间就这样即将过去了，那个少女仍然没有什么异常的举动。虽说跟踪就要结束了，可艾诺还是按捺不住自己的好奇心。他装着若无其事的样子走到少女身旁，搭讪着说："您这次旅行好像很悠闲呀！"

少女微笑着答道："是呀，我是一个学生，本来没钱这么尽兴地游玩。多亏一位好心人的帮助，我才得以享受旅游的乐趣！"

"这是怎么回事？"

"啊，事情是这样的。有一天，我在茶馆里碰见了一个戴墨镜的男子，他好像很热心，主动提出给我一笔钱做旅行费用，让我选择自己喜欢的地方去走走。真是个好心人！他什么要求也没跟我提，只是要了我的一张照片，说不定是用来做广告什么的，所以才肯……""戴墨镜？"艾诺若有所思，"莫非就是我的那位主顾？不过，很难想象竟有这种乐善好施的人。"

艾诺带着满腹狐疑，回到离开了一周的事务所。"啊！"一回到事务所，艾诺立刻就明白了事情的缘由……你知道是怎么回事吗？

3. 巧妙报警

维特打开了电视机，播音员正在播报一条消息："今天19点左右，在贝姆霍德花园街，一名79岁的老人在遭抢劫后被枪杀。据目击者说，凶手穿绿色西装。请知情者速与警察局联系。"

花园街正好是维特住的这条街，她感到十分害怕。正在这时，阳台上的门口突然出现了一个35岁左右的男子，他身穿绿色西装，而且衣服上有血。维特吓得脸都白了。

那人进了房间，让维特把手表和金戒指给他。正在这时，突然有人敲门。那人用枪顶着维特的背，命令道："到门口去，就说你已经睡下了，不能让他进来。"

"谁呀？"维特用颤抖的声音问道。

"我是韦尔曼警官。维特小姐，你这儿没事吧？"听到是她们街区的巡警及好友的声音，她内心平静了许多。

"是的。"她答道。停了一会儿，她用稍大的声音说，"我哥也在问你好呢，警官！"

"谢谢，晚安！"不一会儿，巡逻车开走了。

"干得不错，太妙了。"那人高兴地大口喝起酒来。就在这时，从阳台上的门外一下子冲进来许多警察。没等那人反应过来，就给他戴上了手铐。

"好主意，维特小姐。你没事吧？"韦尔曼警官关切地问道。

请问，维特是怎样给韦尔曼警官报信的?

4. 10万英镑

第二次世界大战期间，英国警方得到一份情报，说一个纳粹间谍将从南美来到伦敦，他随身携带了一笔10万英镑的巨款，准备在伦敦发展间谍组织。英国警方对他进行了密切监视，并在他下船几个小时后故意制造了一次车祸，把他送进了医院。

趁此良机，警方仔细地检查了他的衣服和行李，结果，除了一个公文包里面放有几封他在英属圭亚那的朋友写给他的信之外，一无所获。根本就没有巨款的影子！

警方也考虑到这个间谍有可能玩弄其他花招，比方说通过邮局把钱寄给自己，但此时正值战时，邮递业务很不正常，因此这个办法是行不通的。

那么，这个间谍如何能够藏起这10万英镑呢？

5. 第一感觉

这天，警探汤米正走在一个大型旅馆的走廊上，突然，他听到一个女人的尖叫声："看在上帝的份上，别开枪，约翰！"紧接着，他听到一声枪响。

他立刻跑向传出枪声的房间，结果看见房间的一个角落里正躺着一个妇女，子弹射穿了她的心脏，还有一把枪掉在房间中央的地上。

房间的另一侧站着一个邮差、一个律师和一个会计师。侦探只看了他们一眼就一把抓住邮差说："我将以谋杀的罪名逮捕你！"

而事实上，的确是这个邮差射杀了那个妇女，但此前警探汤米并没有见过这个房间里的任何一个人，他是怎么一眼就认出凶手的呢？

6. 幻梦

唐先生坐上了发往北京的特快列车，他找到卧铺，发现车上的人极少，他就闲逛到相邻的卧铺。那里有一个长相很漂亮的女子，两人很快就聊了起来。

午餐时，唐先生去吃饭，有一个年轻人和他搭讪，并给了他一瓶白酒，两人喝了起来。喝完后，唐先生回到卧铺，就一头倒下睡着了。等他昏昏沉沉地从睡梦中醒来时，他发觉自己的卧铺还是他一个人，隔壁那个卧铺中的漂亮女子却倒在血泊里，正当他要报警时，却被一个硬物击中了后脑，晕了过去。

等他再次醒来时，他发现列车仍在行进，而自己还在自己的卧铺里。他马上跳起，去车长室报案。当车长和唐先生来到相邻卧铺时，开门的却是一位老年男人，卧铺整齐，并说从上车就一直是他一个人，没有看见什么女人。唐先生百思不得其解，便看了一眼表，更令他吃惊的是，原本他坐的这趟车应该是凌晨两点到北京站，但现在已经是三点半了，怎么晚了这么长时间？这一切到底是怎么回事呢？

7. 失踪的丈夫

文森和苏菲在海港的教堂里举行了结婚仪式，然后顺路去码头，准备启程到国外度蜜月。这是闪电般的结婚，所以仪式上只有神父一个人在场，连旅行护照也是苏菲的旧姓，将就着用了。

码头上停泊着国际观光客轮，马上就要起航了。两人一上舷梯，两名身穿制服的二等水手正等在那里，微笑着接待了苏菲。丈夫文森似乎乘过几次这艘观光船，对船内的情况相当熟悉。他分开混杂的乘客，领着苏菲来到一间写着“B13号”的客舱。两人终于安顿下来。

“苏菲，要是有什么贵重物品，还是寄存在司务长那儿吧，比较安全。”

“这是2万美元，是我的全部财产。”苏菲把这笔巨款交给丈夫，请他送到司务长那里保存。

可是，左等右等也不见丈夫回来。汽笛响了，船已驶出码头。苏菲到甲板上寻找丈夫，可怎么也找不见。她想也许是走岔了，就又返回来，却在船内迷了路，怎么也找不到B13号客舱。她不知所措，只好向路过的侍者打听。

“B13号室？没有这间不吉利号码的客舱呀。”侍者脸上显出诧异的神色答道。

“可我丈夫的确是以文森夫妇的名字预订的B13号客舱啊。我们刚刚把行李放在了那间客舱。”苏菲说。

她请侍者帮她查一下乘客登记簿，但房间预约手续是用苏菲的旧姓办的，是“B16号”，而且，不知什么时候，有人已把她一个人的行李搬到了那间客舱。登记簿上并没有文森的名字。

更使苏菲吃惊的是，司务长说，没有人向他寄存过2万美元。

“我的丈夫到底跑到哪儿去了……”苏菲感到事情很不妙。

正在这时，有两个有些眼熟的二等水手路过这里，他们就是上船时在舷梯上笑脸迎接过她的船员。苏菲想，大概他们会记得自己丈夫的事，就向他们询问。但船员的回答使苏菲更绝望。

“您是快开船时最后上船的乘客，所以我们印象很深。当时没别的乘客，我发誓只有您一个乘客。”船员回答说，看上去不像是在说谎。苏菲开始怀疑是否自己脑子出现了问题。

苏菲一直等到晚上，也不见丈夫的踪影。他竟然神不知鬼不觉地消失了。一夜没合眼的苏菲，第二天早晨被一个什么人用电话叫到甲板上，差一点被推到海里去。

你知道苏菲的丈夫文森到底是怎么失踪的吗？

8. 不在现场

某夜，一名男子被杀害在家中。案发后，警方传讯了一名嫌疑犯。但该犯却矢口否认杀人。他说："案发时，我正在家中给老朋友打电话，我家离凶杀现场很远，不可能在案发的时间段内杀完人再回家给老朋友打电话。"

警方向嫌疑犯的老朋友调查。他证明在案发时间内确实接到过嫌疑犯的电话，并从电话中听到了建筑工地上工人们打桩的声音。原来在嫌疑犯住所附近，刚好有一个地段在进行打桩工程，声音从早晨持续到夜晚。

警方实地勘查后，证明证人没有作假证。

老练的摩里斯探长看完全部案卷后，建议警方逮捕了这个嫌疑犯，因为他的确是此案的杀人犯。

请问：罪犯是用什么方法制造了不在现场的假象呢？

9. 溺水

星期天早晨，G湖水面上漂浮着一具垂钓者的尸体。警方勘查完现场，推断死者是因乘坐租用的小船垂钓时船翻溺水而死的，死亡时间是星期六下午5点钟左右。

警方认为这起死亡事件是单纯的意外事故，但亨利侦探调查后认定这起案件是他杀案。而凶手竟是死者一个在某大学附属医院任药剂师的朋友，因为他欠死者很大一笔债。

可是，罪犯有不在现场的证明。星期六他租用另一条小船在G湖和被害人一起钓鱼，下午3点钟左右与被害人分手，一个人乘坐G车站15点40分发车的电车回到K市自己的家里。列车到达K市车站的时间是18点40分。这期间罪犯一直坐在列车上，并有列车员的确切证词证明，但是亨利侦探还是揭穿了他巧妙作案的手段。

请你推理一下，罪犯是用什么手段使被害人溺水而死的。

10. 谁开的第二枪

某大楼的一间公寓里突然传出枪声，管理员赶忙过去查看，可是房门锁着，打不开。他正准备破门而入时，里面又传出枪声，子弹穿过门，差一点打中管理员。管理员胆战心惊地打开门，看到一个男子右手握枪，伏在桌上，已经死亡。

警方验尸后发现，死者头部有一个很大的弹孔，现场留有遗书，证实这是一起自杀案件。可是，头部中弹会立即死亡，死者怎么有可能再开第二枪呢？那么，究竟是谁开的第二枪？

11. 救生筏上的密案

游览用的小型直升机载着一个乘客在海上飞行时，遇到了空中陷阱，还没来得及发出求救信号就坠到了海里。幸好，靠机翼的浮力，飞机没有马上下沉，所以飞行员和乘客才得到机会吹起救生橡皮筏并转移到了橡皮筏上面。

海面上风平浪静。橡皮筏是4人用的，所以两人用绰绰有余。筏上有5罐应急的罐头食品，其中两罐是果汁，以此来代替饮用水。

“如果这样漂上两三天，大概会有搜救飞机来救助的，我们不用担心。”飞行员劝乘客放心。

可是，半个月后，一艘国际货轮发现这个救生筏时，飞行员和乘客都已经死了。飞行员是被匕首刺死的，而乘客不知为什么用左手的一个手指抠住鼓起的空气管俯在筏上饿死了。船上还有一把带血的匕首和4个空罐头盒，另一个罐头没动过。

“这两个人是为抢夺最后的一盒罐头而用匕首互相残杀的吧？”

“如果是这样，活着的凶手为什么不吃罐头而被活活饿死呢？”

货轮上的船员们都感到不可思议。

请你推理一下，漂泊的救生筏上到底发生了什么事？

12. 谷底逃生

迈克和杰克用软梯下到一个深谷，准备探寻谷底的洞穴。他们到达谷底刚走了几米，忽然谷底的泉水大量涌出，不一会儿水位就到了他们的腰部，并不断上涨。他们两人没想到谷底会发大水，并且二人既不会游泳，又没带救生用具，只能立刻攀软梯出谷。但他们所用软梯的负重是125千克，攀下时是一个一个下来的，因为他们每个人的体重都是70千克左右。如果两人同时攀梯，势必将软梯踩断；若依次先后攀梯而上，谷底水势很急，时间又来不及。你能帮助他们想一个办法安全脱险吗？

13. 无辜的强奸犯

夜深了，列车已经驶出了君士坦丁堡站。海顿先生在自己的包厢里一边抽着雪茄，一边看着侦探小说。突然，一个漂亮女人闪进了他的包厢，胁迫海顿先生乖乖交出钱包，否则，她就要扯开衣服，让人以为海顿先生把他强拉进包厢，企图强奸她。

谁知，海顿先生竟然毫不犹豫地按响了床头的警铃。这个女人气急败坏，立即扯破了自己胸前的衣衫，等乘警闻讯赶到时，这个女人又哭又闹，声称："几分钟前，这个道貌岸然的先生把我强行拉进他的包厢里企图强奸我。"乘警希望向海顿先生了解情况，可海顿先生一句话也不说，只是面带微笑地继续抽着他的雪茄。乘警一下子就明白了，以恶意诽谤的名义将这个女人带出了包厢。你知道这是怎么一回事吗？

14. 教授之死

杜宾教授发明了一种新药，轰动了医药学界，很快成了名人。这一天，摩恩探长接到一个电话，对方焦急地说："我是杜宾教授……"探长说："我知道您的大名，有什么事？"教授显得很慌张，语无伦次地说了半天，探长才明白，原来他的办公室被小偷光顾了！

探长来到教授的办公室，只见文件柜的抽屉开着，满地的纸片，房间里很暖和，椅子后面的火炉上，水壶在"咕嘟咕嘟"冒着热气。教授和他的秘书趴在地板上整理着，不知道是太紧张，还是屋里太热了，教授光光的头上都是汗水。

见到摩恩探长，教授站起来说："我回到办公室，看到文件柜被打开了，资料撒了一地，有一份新药的机密资料不见了。"

探长说："我看，小偷是冲着机密资料来的，你觉得有谁值得怀疑吗？"教授想说什么，又止住了，秘书提起火炉上的水壶，给教授和探长沏了杯咖啡，就离开了，教授等他走了以后，悄悄地说：“我有些怀疑他。”探长说：“我去跟秘书聊聊，也许能问出点什么。”

探长来到隔壁的秘书办公室，问了很多问题，秘书都一一作了回答，没有什么不正常，忽然，隔壁传来一声沉闷的声音，他和秘书跑过去一看，教授倒在椅子旁，捂着胸口抽搐着，接着就停止了呼吸。

法医检查以后，发现教授的后颈上，有一根细细的毒针，针的尾部连着一只软木塞。可是，凶手是怎么进到房间里的呢？探长看了看现场，很快做出结论：是秘书盗窃了机密资料，受到教授的怀疑，于是就谋杀了教授。可后来秘书一直和探长在一起，摩恩探长为什么说是他谋杀了教授呢？

15. 离奇的犯罪手法

一个名叫鲁彭的法国大怪盗，他身体轻巧，又会变身术，容貌声音均可随机应变。后来，他改行当起了侦探。

一次，一个罪犯进行犯罪活动，鲁彭为了破案，就给罪犯家里打了个电话。尽管当时罪犯还未能离开作案现场，但接电话的却是罪犯本人。这可把鲁彭弄糊涂了，他想了很久也不知道罪犯究竟使用了什么手段，伪造了“不在现场的假象”。你能猜出来吗？

16. 仓库的蜘蛛网

古董商伯德的仓库放有10只装有珍贵古董的箱子。当他天亮查看仓库时，发现少了1只箱子，于是立即报了警。他对警长说，仓库钥匙只有他一个人有，而且他整天贴身挂在脖子上，不可能有人动过。警长在现场查看时，发现仓库是个封闭式小屋，只在屋顶上开个小天窗，窗上安装着拇指粗的铁栅栏。虽然铁栅栏已少了两根，但上面织满了蜘蛛网，说明没有人从这里钻进来。

警长大惑不解，找刑事专家帮忙分析案情。刑事专家问伯德除了他本人之外，还有谁知道仓库里有古董箱子？伯德说，还有个叫卡特的人知道，卡特是伯德的外甥，因为嗜赌，早已被伯德赶走了。但是蜘蛛网没破，说明他也没有从那里进来过，但是除了他就再也没第三人知道仓库里的这些古董箱子了。可刑事专家却说，盗贼就是伯德的外甥卡特。你知道这是怎么一回事吗？

17. 指纹哪去了

米高是一名警长，这天傍晚，他独自一人到酒吧喝酒，发现邻座的一个漂亮女子非常眼熟。那个女子打扮入时，化了很浓的妆，指甲上还涂有透明的指甲油，也在独自饮酒。等这个女子离开后，米高忽然记起这个女子正是警方悬赏通缉的诈骗犯。米高随即报警，并把女子喝过的酒杯加以检验，但是酒杯上竟然没有留下任何指纹。这到底是怎么一回事呢？

18. 威尔斯之死

夏天的一个夜晚，闷热难耐，威尔斯死在了自家的书房内。警员勘探现场时发现他右手握着手枪，一颗子弹击中他的头部。书桌上摆着一台电扇和一封遗书，遗书上说自己因丧偶后难耐孤独而自杀。细心的警官克鲁兹发现，电风扇的线已经从墙壁的插座上拔出。等他将插头插入，电风扇立刻转动了起来。克鲁兹马上通知其他警员：“这起案件不是自杀，而是他杀！”你知道克鲁兹为什么这么判断吗？

19. 瞬间转移

一天晚上，M警官正在家中看电视。突然接到一个歹徒的电话，称自己绑架了M警官的女儿，要求M警官将100万元现金装入黑色垃圾袋中，然后将钱放进A大厦门口的垃圾箱中。M警官放下电话后随即报警，警局立刻派人提前到达A大厦进行埋伏，同时凑足100万元现金，让M警官按歹徒要求放到指定垃圾箱中。一个小时后，一个身材消瘦看似拾荒者的女子走到垃圾箱前，将垃圾箱中的黑袋取出，不紧不慢地朝街边走去。为避免打草惊蛇，警员们没有立刻冲上去抓捕该女子，只是尾随其后。这时，瘦女子来到路口，拦了一辆出租车，往P大街开去，警方一路追踪。20分钟后，女子好像到达了目的地，下了车，只见她将之前取出的黑袋扔进了街边另一个垃圾箱内，然后转身就跑进一旁的树林中去了。这时，警员们兵分两路，一部分继续追踪女子，另一部分来到垃圾箱前，把里面的黑袋取出，结果发现袋中本应有的100万元不翼而飞。与此同时，另一队警员抓捕到的女子分文没有。警员们立即明白上了歹徒的当。可是你知道女子是怎么将这一百万元现金瞬间转移并藏匿起来的吗？

20. 实施谋杀

一天夜里，某男子因为遭到枪击死在自己的家中。从整个现场看来，该男子应该是自杀：手枪就在尸体旁边，整间房的门是从里面反锁着的，窗外是坚固的铁条防盗护栏，狭小的窗户也从里面插着插销，只是右下角有一小块玻璃很久以前就破了，破玻璃处甚至还结有一张蜘蛛网。显然，不可能有人进屋行凶。但是，经警方鉴定，手枪上却没有发现任何指纹，显然这是一起谋杀。你知道罪犯是如何实施谋杀的吗？

21. 中毒身亡

一天晚上，杰克约了他同父异母的弟兄约翰上自己开的酒吧中谈论家族的遗产继承问题。约翰来到酒吧后，杰克亲自调了一杯带冰的威士忌苏打给约翰。约翰深知杰克心狠手辣，担心他在酒中下毒，不愿喝。杰克看出约翰的心思，便将杯中的酒喝了一半再递给约翰，让约翰放心。约翰见状便也不再推辞，一边慢慢地喝着剩下的酒，一边和杰克商量起遗产的事来。谁知，没等谈话结束，约翰便中毒身亡。这是怎么回事呢？

22. 智斗

探员阿尔文正在开往墨西哥的轮船上执行监视任务，他假装成一个只知道看书的书呆子，暗中监视一批走私分子的行动和他们装有文物的旅行箱。午饭时间到了，船上的旅客们三三两两地出去就餐，走私分子也走出船舱。为了监视装有文物的旅行箱，阿尔文继续装成沉迷于书本的样子一人留在船舱内。这时，一个打扮时尚的妖娆女子走进船舱，发现舱内只有阿尔文一个人，便笑盈盈地走过来，快速扯开自己衬衫前的扣子，低声说道："快把钱包给我，否则我就大叫非礼！"阿尔文心里一惊，他想：拿出自己的警察证件是解决这个问题的最简单的办法，但自己的身份一旦暴露，就没办法继续执行任务了。于是他灵机一动，想出一条妙计，立刻制服了眼前这个女歹徒。你知道他用的是什么方法吗？

23. 爆炸操纵案

某天下午，伦敦街上的一座房子突然发生爆炸，警察和消防队员赶到现场时，一位老人已经当场死亡，他家中的煤气管道存在漏气的情况。但经过解剖，这位老人遇难前曾服用过安眠药，处于熟睡状态，所以警方十分疑惑：煤气是如何引爆的？引起爆炸的明火是从哪里来的呢？要知道，发生爆炸前，这个街区已经停电一段时间了，因漏电导致明火引爆的可能性几乎没有。在随后的调查中，警方发现被害人的外甥有重大嫌疑，因为被害人立有遗嘱，自己的全部财产都将由外甥继承。但外甥有不在现场的证明，他当时正在离现场10公里远的饭店里打电话，有服务员可以为他证明。那么到底是谁操纵了这起爆炸案呢？

24. 凶器去了哪里

在一个女性专用的桑拿房内，有个女工被害。死者一丝不挂，她的腹部被凶器刺中。从伤口判断，凶器有可能是短刀一类的东西。但桑拿房里除了一个空暖水瓶之外，根本找不到其他凶器。经调查，案发时曾有另一名女工也进过该桑拿房，但当时在门外的按摩师清楚地看到，这名女工是一丝不挂进去的，不可能带任何凶器。你知道凶手是怎么行凶的吗？凶器又去了哪里？

25. 回来的金币

克雷蒙平时非常节俭，为了防止小偷，他把自己攒下的54个金币放在一个坛子里，然后偷偷埋在自家后院，可是没想到这事被邻居波顿看在了眼里。这天晚上，波顿悄悄溜进克雷蒙家的后院，偷走了那坛子金币。半个月后，克雷蒙去查看他的金币，发现没了。他想来想去，把怀疑对象锁定为邻居波顿。

一天，他装作没事的样子到波顿家里去找他闲聊："唉，人老了，数都不会算了，你帮我算算54个金币加45个金币是多少？""99个金币。"波顿回答道。"那么说只要再凑一个金币，就是整整100个了？"一边说着，克雷蒙一边假装满面春风地离开了波顿家。当天深夜，波顿把克雷蒙的坛子和54个金币又放回了克雷蒙家的后院。你知道这是为什么吗？

26. 密室谜案

在一间门窗紧闭的密室中，一名男子遇害。警察在检查现场时发现，除了房间内的换气窗是开着的，唯一的一把房间钥匙却放在桌子上，钥匙下有一个小孔。在换气窗和钥匙之间有一盏很大的落地灯，所以凶手应该不可能从换气窗里把钥匙扔进来。那么，凶手是如何在密室里作案后，又将钥匙留在房间里离开的呢?

27. 光天化日下偷车

杰瑞这天将自己的爱车停在咖啡馆门口后就进入咖啡馆和客户谈生意了。一个小时后，杰瑞走到咖啡馆门口，发现自己的爱车不翼而飞了。可他怎么也想不通，大白天的，咖啡馆门口人来人往，也有不少人进出咖啡馆，小偷是怎么偷走自己的爱车而没被人发现的呢?

28. 逃跑的工具

一批名贵的钻石正在市博物馆展出。为保证钻石的安全，博物馆在本来就戒备森严的展览厅里又新增红外线监控系统，只要有人在非开放时间进入展厅，红外线就会立刻感觉到他的移动，警卫甚至可以在电视屏幕上清晰地看到进入者的图像。装了此系统后，博物馆馆长放心地说，钻石进了博物馆，比进了保险箱还安全。

深夜，经过一天劳累后的警卫们都打起了瞌睡。一个小偷悄悄地溜了进来，他先不急于走进展厅，而是从口袋里摸出一面小镜子，小心翼翼地沿着墙角来到第一个发射仪面前。他再次观察了发射仪的方向，然后用最快的速度把小镜子竖在发射仪面前，一个小小的红点开始在镜子中央闪烁。

他知道现在这个发射仪发射出来的红外线会被全部反射回去，这等于让红外线装置变成了瞎子。用同样的方法，小偷很快搞定了所有的发射仪，他立刻来到大厅中央有一人高的钻石展柜前，拿出笔记本电脑，开始破译展柜的密码。5分钟后，密码被成功破译，展柜悄然无声地打开了，小偷把展柜中异常夺目的钻石拿到了手。可就在这时，忽然四周警铃大作，博物馆的大灯一下子全部打开，照得大厅亮如白昼，4名全副武装的警卫冲了进来。

“放下钻石，放下钻石！”警卫大叫。

“该死！原来钻石下面还有压力感应系统！”小偷开始为自己的鲁莽而后悔。他把钻石揣进口袋，高高举起双手。

“把身上所有的东西扔过来。”警卫高声喊道。

小偷把身上装工具的包、电脑、手表甚至钥匙都扔了过去。

“把钻石放回去！”警卫对他的合作表示满意，继续高声喊道。

小偷犹豫了一下，忽然一猫腰钻进展柜，举起用来托钻石的花岗岩底座，把钻石放在下面，大声叫道：“不要逼我，否则我砸碎钻石！”

警卫顿时面如土色，他们没想到事情会发展成这个样子。经过短暂讨论，一个警卫按下了遥控开关，展柜迅速关上。现在，轮到小偷傻眼了。“既然你不愿意出来，你就在防弹玻璃里过一夜吧。”警卫笑道，“晚安先生，明天会有人来收拾你的。”

第二天，当博物馆警卫带着警察走进大厅的时候，他们惊讶地发现小偷竟然划开玻璃，带着钻石逃走了！请问：小偷所有的工具都被收缴了，他是怎么跑出去的呢？

29. 动物园里的谋杀

凌晨5点，住在动物园的饲养员别克的太太就被动物的吼声给惊醒了。她不想惊动熟睡中的丈夫，便同往常一样，悄悄起床去查看动物的情况了。天亮后，人们在老虎坑中发现了别克太太的尸体。

警探莱恩接到报警电话赶来后，让警员们从老虎坑中把别克太太的尸体给抬了出来。尸检结束后，法医告诉莱恩：“老虎只是抓了她两下，而且伤痕不深。她是在被抛进虎坑之前，被人刺中胸部靠近心脏的位置而致死的。”“那么凶手是从正面袭击她的吗？”莱恩问法医。“很有可能，除非凶手从背后抓住她。”

随后，莱恩检查了别克太太的口袋，他发现里面放了一块球形的手帕、一包烟和一张折叠的字条。字条上写着：“我必须见你，5点钟，我们在老地方见面。”字条上没有落款。莱恩从别克太太的好友那里得知，别克很爱的他的太太，他们很少吵架。但别克太太其实有一个情人，这个人就是他们夫妇的好友——利斯，而利斯就住在他们家附近。不过别克似乎并不知道这件事。

后来，莱恩警探又从动物园的播音室里找到了一盘磁带，发现这盘磁带就是动物骚动的原因。于是他很快知道了凶手是谁。你知道吗？

30. 玻璃窗上的冰花

乔治先生是位考古学家，独自住在郊外的别墅里。他每年都有好几个月在外工作，不在家的时候，就委托邻居波尔帮他照看房子。

这一天早晨，乔治远道归来，波尔急忙跑来告诉他，前一天夜里他家被盗了。家里已被翻得乱七八糟，经过清点，发现丢失了几件价值昂贵的古玩和一大笔钱。乔治便请来沃克警长。

沃克警长向波尔了解失窃情况。波尔说：“昨天夜里我听见乔治家里有响动，便起来看看出了什么事。我走到乔治别墅的窗边，玻璃上结了一层厚厚的冰，什么也看不清。我便朝玻璃上哈了几口热气，这才看清屋里有个男人在翻箱倒柜。我冲进去与他搏斗，但盗贼很狡猾，还是让他溜走了……”“够了！”沃克打断了他的话，“你的把戏该收场了！你就是小偷！”你知道沃克警长为什么这么说吗？

31. 高高的钟塔

一个星期五的晚上，在一栋公寓六层楼房间里，电视明星森秋在画静物油画时，被人用调色刀杀死了。

在现场，警长发现了森秋的画架上有她的同事玉子的头发，估计森秋死前曾和玉子有过激烈的搏斗。于是，警察局进一步展开侦破。

两天后，案情有了新的发展，凶器——调色刀在距公寓约200米的A大学教学楼钟塔顶上被发现了。玉子是怎么把凶器放上钟塔的呢？如果不把这个问题查清，就不能把她作为凶手逮捕。负责此案的山田警长去求教侦探段五郎：“很难想象玉子怎么能把凶器扔在那儿，那可是40米高的钟塔呀！况且门是常年锁着的，除了勤杂工之外，任何人绝对上不去。再说，那里的又老又丑的勤杂工和玉子也素不相识。”山田说。段五郎沉思着，问：“会不会用直升机从空中扔下去？”山田摇摇头：“如果坐直升机扔下去，会有很大的声音，可谁也没有发现呀！不过有一个情况值得注意。”他从公文包里翻出一张备忘录，接着说，“事件发生的第二天清晨，在那一带，有人听到声音很低的马达声……”段五郎一听，眼睛顿时一亮：“问题解决了。”他把其中的奥妙讲给山田听，山田很快捉拿了玉子。请问玉子是用什么方法把凶器调色刀扔到高高的钟塔上的?

32. 杯子上的指纹

露丝是一位畅销书作家，但并没有赚很多钱，因为当初出版商玛莉小姐用很低廉的价格买下了版权。

有一天，警察局局长汤姆斯告诉她，玛莉两天前在公寓被害，凶残的凶手对准她连开了10枪，她当场身亡。根据调查，当天晚上和玛莉接触过的人只有露丝、印刷厂负责人卡罗和玛莉的前夫刘易斯。警方把他们都请到警察局，协助调查。

露丝听到发生这样的惨剧，吓得哭了起来。她说，当天晚上8点左右，她去过玛莉那里，两人讨论了重新签订版税合同的事情。玛莉还倒了一杯冰镇饮料给她喝，她在大约5分钟后就离开了那里。

卡罗则很激动地表示自己是完全无辜的。他当天在8点左右去过玛莉家里，准备向玛莉讨回欠印刷厂的费用，可是玛莉只礼貌性地给他倒了杯冰镇苏打水，根本不谈还钱的事情。他一怒之下就骂骂咧咧地离开了，楼下看门的老头能证明这一点。

刘易斯虽然因为财产问题和玛莉离婚，可是离婚后他们还是好朋友。听到玛莉被害的消息后，刘易斯悲痛欲绝。他回忆说，那天晚上玛莉的情绪很不好，他在她家喝了杯白开水，安慰了她几句就离开了，想不到竟然发生了这样的悲剧。说到这里，刘易斯难过地痛哭起来。

听完三个人的说法后，汤姆斯局长很茫然，一方面他们都完全没有足够的杀人动机；另一方面，现场没有留下任何线索，凶手连弹壳都收走了，就连使用过的玻璃杯上，都只有死者自己的清晰指纹，但这并不能说明什么。

汤姆斯局长只好求助于彼得侦探。彼得听完后，沉思了一会儿问道：“案发那天晚上，大概有37℃，是吗？”局长点了点头。彼得接着又问道：“如果杯子上被害人的指纹十分清晰的话，凶手就显而易见了。”汤姆斯局长有点摸不着头脑。你知道彼得是怎样找到罪犯的吗？

33. 电话作证

某日，一个女画家被勒死在自己家中。她的死亡时间大约在昨晚8点到12点之间。公寓中有人目击前一夜9点左右死者分居的丈夫M曾从死者的房间走出来。而现在，M正和自己的情妇F住在某酒店内。

探长博比前去调查时，M说：“我昨晚10点半住在酒店，11点的时候我还打电话给我的妻子。她的电话一直占线，可见当时她还活着，正在与别人通话。如果你们不信，可以向总机查证。”查证的结果证明，M的话没错。死者家中的电话经查也处于正常状态。

不过，在向酒店工作人员调查M的情妇的相关情况时，有人说看见她11点左右在大厅的公共电话旁。你能解释这两个人是如何利用电话制造了不在场的证明吗？

34. 暖和的房间

电话铃声一连响了四次，侦探康纳德才意识到自己不是在做梦。他睁开眼看了看钟，刚刚凌晨3点30分。

“你好！”康纳德有些不高兴地拿起话筒说道。

“是史密斯先生吗？”一个女人在电话那头问道。

“是的。”

“我叫艾丽斯·伯顿，请赶快来我家，我丈夫被人杀了！”女人声音颤抖地说道。

康纳德记下了她的住址，把电话挂上。外面寒风刺骨，简直要把人冻个半死。40分钟以后，他到了伯顿夫人家。她正在房门口里等着他。康纳德一到，她就赶快将他迎进了屋，屋子里面很暖和，和外面简直是两个世界。

伯顿夫人穿着睡衣、拖鞋，连头发也没梳。

“我丈夫在楼上。”她说。

“到底出了什么事？”康纳德问。

“我和丈夫是在夜里11点45分睡的。也不知怎么的，我在3点25分就醒了。听丈夫没有一点声息，才发觉他已经死了，他是被人杀死的。”她说。

“那你后来干了什么？”康纳德问。

“我下楼来给你打电话。那时我还看见那扇窗户大开着。”她用手指了指那扇还开着的窗户。猛烈的寒风直往里灌，康纳德走了过去，关上了窗户。

“你为什么要撒谎？”康纳德说道，“在警察到达这里之前，我想你最好把真相告诉我吧。”

你知道康纳德为什么要这样说吗？他的根据是什么？

35. 消失的钻石

女盗贼兰妮精心策划了一次偷窃行动，企图盗窃G公爵的遗孀秘藏的一件稀世珍宝——一颗重达50克拉的大钻石。可是不巧的是，兰妮因病卧床不起。于是，她叫来两名助手——丽卡和沙布，命令他们说："你们俩去替我把这颗钻石偷来，这是考验你们的最好时机。钻石就藏在卧室的秘密保险柜里。"

"怎么打开保险柜呢？"丽卡和沙布问。

"保险柜上有相当复杂的密码锁，要是我去的话，就能将锁打开。可对你们来说就不那么好对付。可喜的是，G夫人现在外出旅行，那是一座空房。"

于是，两个助手便带了氧气切割机和高压氧气瓶，溜进了那所房子，从卧室的墙上揭下了一张油画，露出了保险柜。保险柜虽然很小，但却是钢制的，又镶嵌在墙壁里，所以将保险柜搬走是不可能的。

"喂！丽卡，开始吧。"沙布说道。于是两个人马上操起氧气切割机开始行动了。灼热的火焰很快将保险柜的门烧红，不久，它便像糖稀一样开始熔化。很快，保险柜的门被切割出一个大洞。"好了，已经可以了。"丽卡顺着洞往里一看，里面却什么也没有。只有一小堆灰烬。"真怪，哪有什么钻石？"沙布一听很吃惊，套上耐火手套伸手进去一摸，里面果然是空的。两个人像泄了气的气球，回到兰妮那里。

"怎么？没有钻石？你们俩究竟怎么打开保险柜的？"兰妮追问道，"用氧气切割机，用那个没什么大动静……""真是蠢货！再大的声响也不要紧，那是座空房，为什么不用电钻！"兰妮痛骂了两人一顿。丽卡和沙布出了什么错？钻石究竟去了哪？

36. 眼皮底下的犯罪

一辆特快列车上，年轻姑娘珍妮正和贵妇布莱恩夫人聊得带劲。但事实上，珍妮早就盯上了布莱恩夫人随身携带的价值一百多万的珠宝。

凌晨2点，乘客们都在熟睡，珍妮悄悄地来到布莱恩夫人的包厢，偷走了布莱恩夫人的珠宝。随后，她回到自己的包厢，安然入睡。天亮时，布莱恩夫人发现自己的珠宝被盗了，赶紧报警。由于列车夜间没有停靠过任何站点，珠宝不可能被转移，到站后，警长立即带人上车进行调查。

可是警长和布莱恩夫人一起对车上的每位乘客逐个进行了严格的检查，却一无所获，只是查到珍妮的时候，布莱恩夫人发现珍妮的行李箱几乎和自己的一模一样。可是打开衣箱一看，里面只是一些随身的衣物而已。最后，警长只能带着手下垂头丧气地离开了。而珍妮则顺利地带着珠宝回到自己的住所。你知道珍妮是如何成功地在警长眼皮底下带走珠宝的吗？

37. 跳水运动员的谎言

某天夜里，游泳馆外的小路上发生了一起抢劫杀人案。据游泳馆的某退役跳水运动员称，他目睹了整个案发经过。这个运动员在接受警方调查时称：案发现场离他所住的房间阳台大约50米，当时他正巧站在阳台上，看见行凶者是个剃着平头的小青年，右眼眼睑下还有一道明显的疤痕。警方据此很快就在游泳馆附近发现了有上述特征的王某，并在王某家中找到一把和受害人伤口吻合的弹簧刀。可王某坚决不承认自己的罪行。就在案件陷入僵局时，警探杰克对退役运动员提供的证词重新进行了研究，终于发现，原来这个运动员才是真正的凶手。请问，你知道杰克警探是怎么发现疑点的吗？

38. 富豪遇害之谜

某天，一位富豪被发现死在了自己家中，他的胸口被捅了五刀，且令人惊异的是，凶手竟然还用匕首把死者的胃部割开，将里面划得乱七八糟，现场看上去极为恐怖。当然，富豪家中的钱财也被洗劫一空，保险柜里的东西一点不剩地都被人拿走了。

随后，警方联系到了死者的前妻，前妻似乎对他的死一点也不惊讶，“我以前就说过，他这种人肯定会不得好死！他的死和我没有半点关系。”从她不耐烦的神情中可以看出他们之前的关系并不好。警方通过进一步了解发现，富商生前十分吝啬，据说前妻的父亲就是因为他舍不得花钱救治而死的。

另外，根据邻居反映，死者生前和外人来往得很少，基本是自己独居，只是定期叫钟点工到家里来打扫房间。警方由此认定，前妻和钟点工最有嫌疑。请问，你认为凶手会是他们中的哪一个呢？为什么？

39. 诅咒成真

科鲁兹是一家银行的大堂经理，他的时间观念非常强，总是随身携带着一只手表和一只怀表，并且常常对时间。

这天，有人在科鲁兹家和他谈话，家中除了客人，只有他和侄子两个人。夜深了，就在客人即将告辞的时候，他把侄子叫上二楼。之后，他的侄子下楼来对客人说科鲁兹忘了开窗，让他把窗子上下各开1英寸。随后，客人和侄子一起离开去喝酒。过了一会，侄子向客人借了一把猎枪，两人又一起重新回到科鲁兹家里。但是大门被锁了，他们进不去，两个人敲了很久的门也没动静。侄子很生气，用手中的猎枪朝空中开了一枪，大叫道："伯父，你怎么不开门啊？你干脆在楼梯上摔死得了！"说完，侄子就和客人再次一起离开，并且住到了客人家。

谁知第二天，科鲁兹真的摔死在了楼梯上。他的右手里还握着怀表，那表快了1个小时，而他的手表则摔坏了，指着12点。这正是昨晚侄子叫喊他的时间。难道侄子的诅咒成了现实吗？当然不会。那么科鲁兹究竟是怎么摔死的呢？

40. 会拐弯的子弹

一位被警方押送的重犯借去列车长那里要求调换座位之机，藏到了在车头靠近机车的位置。正当他暗自庆幸自己的成功脱逃时，不曾想到自己早就被与案件有关的当事人派来的杀手盯上。

这时，恰好列车要经过一段坡度很大且弯度也很大的U形地段，列车上的播音员提醒广大旅客要注意安全。当列车顺利经过这一地段后，这个重犯就已经被枪杀而死。后经警方调查，杀手是在列车车尾处开的枪，但当时重犯却身在车头。难道这个世界上有射程这么远且还会拐弯的子弹吗？这是怎么一回事呢？你能解释清楚吗？

41. 记者之死

酒店客房内发现了一具尸体，死者名叫戴维，是一名职业记者。根据现场勘探，他是在反锁的房间内被杀的，死因是左眼被类似于毒针的东西所刺致死。案发时，他房间的门、窗都是紧闭的，没有被破坏的痕迹。当然，现场也没有找到毒针之类的凶器。你知道凶手是如何行凶的吗？

42. 致命的冰激凌

一个夏天的中午，女主人死在了密闭的卧室里。警员勘查了现场，发现卧室的门窗都关得紧紧的，卧室里除了女主人的情人送来的半箱冰激凌以外没有其他东西了，由此判定女主人是因为吸入过量的二氧化碳窒息而死的。警长听了警员的汇报后，立刻说出是情人杀死了女主人，你知道为什么吗？

43. 没有影子的目击者

富翁尼尔杀死了自己的妻子，并将她的尸体放进一个铝合金箱子里，接着驾驶私人飞机飞到海上，将箱子推进海里。几天后，警察找到尼尔，指控他谋害了妻子，并用私人飞机将尸体运到海上丢掉。尼尔狡辩道："那天我的确驾驶了自己的私人飞机出门，但我没有杀害自己的妻子，更没有把她的尸体抛到海中，你们指控我有什么证据吗？"警察告诉他有"一个没有影子的目击者"可以证明他的罪行。你知道警察所说的“没有影子的目击者”是怎么一回事吗？

44.“骑”走的自行车

吉姆骑着自行车到公园玩，当时公园里只有几个孩子，有的在放风筝，有的在溜旱冰，还有的在打棒球。吉姆突然觉得肚子不舒服，就在自行车的前轮上简单套了把钢锁，然后进了厕所。可是等他出来后，自行车却不见了。吉姆猜，这一定是这些孩子们的恶作剧，可是孩子们是如何把锁着的自行车“骑”走的呢？

45. 离奇的爆炸

音乐家皮特的家中发生了爆炸案，所幸的是皮特没有受伤。探员赶到现场后发现，爆炸的是一只玻璃杯，里面装了一些火药。可是让人奇怪的是，室内没有任何火源，也没有发现引爆装置。皮特说自己当时正在练习一首小号曲，当吹到高音部分时，就发生了爆炸。探员仔细观察了一下爆炸残留物，马上就知道凶手是如何引爆的了。请问你知道凶手是如何引爆的吗？

46. 消失的子弹

一天晚上，一个空姐在房间内被人枪杀。凶手是从空姐的房间对面30米外的屋顶上，用无声手枪射中她的。当时，空姐房间内的窗户是关着的，窗子上只有一个弹洞。但奇怪的是，被害空姐的胸部和大腿都中了弹，大腿被子弹射穿，胸部也留有子弹壳。这样看来，凶手应该开了两枪。可如果凶手开了两枪，那么另一颗子弹是从哪里射入房间的呢？这颗子弹的子弹壳又去了哪里？

47. 狡猾的计划

4世纪的时候，英国有个鼎鼎有名的惯偷名叫亚当斯。有一次，他被英国国王詹姆斯六世抓获了，詹姆斯六世打算将他处以极刑。亚当斯知道詹姆斯六世因钦定《圣经》而闻名，于是临刑前，他对詹姆斯六世说："听说您十分喜欢《圣经》，为了表示我对您的忠心，请您允许我临死前读一读《圣经》，等我把《圣经》读完之后再送我上刑场。"詹姆斯六世想了想便同意了。

看到国王许可了，亚当斯欣喜若狂，他当即制订了一份阅读计划交给詹姆斯，并说自己要好好读《圣经》，直到背下来。詹姆斯六世看到亚当斯的计划后顿时醒悟，发现自己上当了。实际上，亚当斯借此取消了自己的死刑。请问，聪明的亚当斯是怎样借机取消自己的死刑的？他的阅读计划又是什么？

48. 伪装自杀

一位左腿被截肢的老人吊死在公寓里，一天以后才被人发现。如果老人是自杀的话，那么他需要爬上凳子上吊，但现场并没有这样的凳子存在，当然，老人也不可能用一条腿跳起来用绳子套住自己的脖子。所以，显然，老人是被人杀害后又伪装成自杀的。

警方随后展开调查，结果发现，老人在两个多月前曾经购买了高额人寿保险，受益人填写的是他的子女。难道是他的子女为了获得高额理赔而杀害了老人？

从现场来看，老人的房门是从屋里被锁上了的，与外界完全隔离。因此，保险公司怀疑，老人也很有可能是为了把保险金留给他的子女而故意制造了这起看似他杀的自杀事件。但是，老人究竟是如何上吊的呢？这个谜团解开了，事实真相才能真正水落石出。

拉姆侦探奉命前来调查这起案件，他仔细勘探了现场，结果发现在死者的尸体下面有一个空的纸制包装箱。大家认为，老人是不可能踩着空箱子上吊的，因为踩上去箱子就会塌坏。但拉姆却认为，正是这个空的包装箱，让老人的计划得以完成。你知道是怎么回事吗？

49. 密室杀人

伦敦郊区发生了一起密室杀人案。在一间存放杂物的储存室里，有个少年被人用绳子勒死了。这个少年几天前遭到绑架，罪犯曾向他的家人要求10万美元赎金，但等少年的家人将赎金交给罪犯后，他们的孩子却没能平安回家，而是下落不明。

待警方找到少年时，少年已被人勒死，可奇怪的是，储存间的门从里面被反锁上了，墙板上也都是无数个铁质的钉帽。那么，在这样一间封闭的房间里，罪犯是如何在勒死少年后离开房间的呢？

50. 消失的高尔夫球

一天早上，马格刚到警局，就接到来自著名高尔夫球场地的报警电话。电话里称，上一届高尔夫球赛的冠军戈迪被炸死了。

马格赶到现场看到，戈迪的腹部和衣服都被炸得血肉模糊，似乎是一种小型手榴弹似的东西发生了爆炸。马格仔细地查看了周围的情况，发现现场只丢着一根高尔夫球杆，却不见高尔夫球的踪影，更不用提罪犯的踪影。宽阔的高尔夫球场，四周都被高高的金属网围住了，从外面向里面扔手榴弹应该是不太可能的。那么，罪犯是用什么方法和凶器将戈迪炸死的呢？

51. 未引爆的炸弹

飞往美国纽约的民航班机，起飞还不到20分钟就接到这样一个匿名电话："我们在飞机上安装了炸弹，飞机起飞10分钟后，炸弹匣内的定时装置就会自动开启，当飞机降到海拔2000米以下准备着陆时，只要受气压变化的影响，炸弹就会被引爆。"飞机上的空乘人员和乘客听到这个消息之后，都惶恐万分。不过，经验丰富的机长突然想到了一个办法："请大家镇定，我是本次航班的机长，我有办法保护飞机和大伙的安全！"接着，他改变航向继续飞行。接近某机场时，飞机的高度由8000米、6000米、4000米……逐渐降落，最终安全着陆。飞机和乘客全都安然无恙。你知道机长是用什么办法让炸弹没有被引爆的吗？

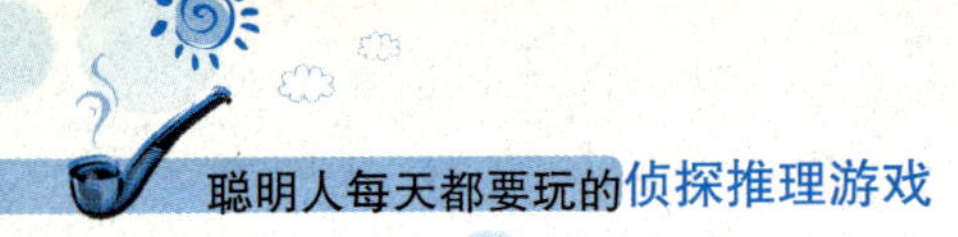

52. 不在场证明

某个炎热的夏天，公司总裁艾瑞克从柏林出差一周回家，他刚用钥匙打开自己家的房门，就发现妻子玛丽惨死在家中的卧室里。

警方接到报警后迅速赶到现场，经勘查后发现，艾瑞克的家门窗紧掩，并没有外人强行入侵的痕迹，而从尸体腐烂程度来看，玛丽的死亡时间大概为2～3天，不过，尸体上有着奇怪的褶皱的压痕。另外，让警员们都感到惊奇的是，这么热的天，艾瑞克的家里竟然没有一个空调，家中唯一的冰箱也小得只能容得下半个人。

显然，艾瑞克是有充分的不在场证明的，因为他这一周都是在德国度过的，而且有多人可以证明他的确一直都在柏林。另外，玛丽是一个典型的家庭主妇，平时除了去健身俱乐部外，几乎没有和任何人有过来往，据俱乐部的工作人员回忆，玛丽已经有2周没有去健身了。案子的调查似乎陷入了僵局。警长皮特在听完警员们的报告后断定，艾瑞克就是杀害玛丽的凶手。但他是如何行凶的呢?

53. 避不开的车祸

深夜，一个特工情报员准备步行到公路的某个联络点去递交一份秘密情报，这是一条可容两辆车行驶的公路。突然，情报员见到前面一辆车，开着亮灯，在路中急速行驶向自己冲来，两盏车头灯的强光十分刺眼。面对这一险情，情报员十分镇静，他在路的中心走着。等到迎面而来的车差不多到达眼前时，他突然向路边一跳，打算避过对方。谁知，只听见一声巨响，已经跳到另一边的情报员突然被车子撞倒，这是怎么一回事呢？

54. 悬崖上的命案

莱蒙警探早上接到报案，说山崖下发现一具死尸，于是驱车前往调查。很快，莱蒙警探了解到，死者昨天晚上曾上山去拜访他的一个朋友。这个朋友的屋子是建在悬崖边的，而且门还是朝着悬崖向外面开的。

于是莱蒙便传讯了死者山上的那个朋友。

“昨晚你朋友上山拜访你，你见到他了吗？”莱蒙警探问。

“没有。昨天夜里我听见有人敲门，但当我打开门时，却没有看到任何人，我就去睡了。过了一会儿又有敲门声，我再去开门，还是没人。几次下来，我还纳闷呢！”死者的朋友说。

难道死者是自杀不成？雷蒙警探想。不过在他观察了一下死者朋友小屋的情况后，立即猜到死者是怎么死的了。你知道吗？

55. 聪明的神枪手

一次，美国陆战队的一个连队里举行了一场十分有趣的射击比赛。队长搬了一张只有3条腿的桌子，在桌子上放了4个瓶子，让3位参赛的神枪手用最少的子弹射倒4个瓶子，看看谁的本事最大。结果，威廉姆斯用了三枪射倒了全部的瓶子，汤姆森只用了两枪就射倒了4个瓶子，而罗伯特则只用了一枪就成功了。你知道他是怎么做到的吗？

56. 间谍交换情报

警察发现在一家旅馆里住进了两名间谍，他们准备接头交换情报。为了截获这一情报，警察派人日夜跟踪这两个间谍。但奇怪的是，这两个间谍之间没有任何交谈，也没有交换书信，经过认真排查，警察发现，两个间谍唯一接头的机会就是在旅馆的公共浴室内。因此他们又对浴室进行了彻底搜查，但还是一无所获。正当大伙一筹莫展时，有个聪明的警察突然知道了两个间谍交换情报的方法。你知道吗？

57. 求救信号

已经是初春时节，但是西伯利亚仍然寒气袭人。M国间谍斯蒂夫执行任务时失手被擒，其后被关在高原上的木屋内。木屋里没有纸笔、电筒，只有一扇窗、一张床和一台冰箱及一罐汽水。但就在当天晚上，斯蒂夫就利用木屋内的这些装备，成功地发出了求救信号，在同伴的救援下成功逃脱了。你能猜出斯蒂夫是如何发出求救信号的吗？

58. 富家女之死

吉姆应一位富家独生女之邀，和她的堂姐以及堂姐的未婚夫——一个外科医生，4人一起到郊外的别墅野餐。

小巧轻盈的富家女双亲都已去世，由她继承了巨额家产。到达别墅后，他们在庭院的草地上野餐。

他们带了个大篮子，内中装满食物。吃饱后，篮子就收到别墅中。

亨利在与富家女的堂姐谈天时，富家女和外科医生一起进了别墅。好久也不见他们出来。堂姐进屋察看，发现里面空无一人。当亨利也想进屋时，外科医生从另一边的树林里出来了。他一身泥巴，在摘野草莓。亨利问他富家女在哪里，他说在屋里。然而当他们进屋时，却无论如何也找不到富家女，而且门窗都是从里面锁住的。亨利找来找去，只是在走廊上捡到一块防水布片。

3人失望地将别墅收拾整齐，把大篮子放回车上，离开了。

后来警察又进行了仔细的检查，只在浴室里看到了一点血迹。

富家女到哪里去了呢？她被谋杀了吗？尸体呢？凶手又是谁呢？

59. 神秘的报警

一个抢劫惯犯正在使用万能钥匙打开一个房间的门，这时，房里突然传出了一个女人的声音："请稍候。"紧接着，她提高嗓音问了一句："是谁？"惯犯听到这句话后，随即用力推开房门。女人一见，惊恐地叫道："你是谁？你想干什么？快出去，不然我就要报警了。"惯犯看着眼前的这个女人十分柔弱，便扑上去扼住她的脖子。女人拼命反抗、挣扎，一脚踢倒了身边的小桌子，桌上的电话机也被踢翻在床上。不一会工夫，女人就昏死过去。惯犯见状，赶忙拿起她的手提包，从里面翻出现金和首饰，就在他准备去翻看房间内的其他抽屉时，忽然，房门打开了，冲进来两个警察，将惯犯一举擒拿。请问：警察是怎么知道房间里的女人有危险的，又是谁报的警？

第五章　答案

1. 这个地方冬天非常冷。由于下雨落雪，使坑里积了水，到夜晚就结成冰。白天，这坑里南面的冰因受太阳的照射，又融化成水，而北面由于没有太阳照射，仍结着冰。这样，北面的水结成冰，而南面的冰又融化成水，沉重的球面便渐渐地出现倾斜，从而非常缓慢地向南移动。其正面的十字架，必然也会渐渐地被隐埋起来。这种物理现象，就是男爵的墓石之所以移动的原因。

2. 艾诺回到工作室，发现室内一片狼藉，保险柜已被撬开，里面空空如也。原来，这个戴墨镜的男子使了一个小小的诡计，让艾诺去跟踪那个少女一个星期，从而为自己行窃赢得了充分的时间，可以使他不慌不忙地进入他空无一人的工作室作案。

3. 因为韦尔曼警官是维特小姐的好友，并且知道维特小姐没有哥哥，所以当他听到维特小姐的这个异常的话时，便知道了屋内可能有歹徒。

4. 警方忽略了那几封信上的邮票，因为这些邮票都是稀有邮票，每枚都价值不菲。

5. 三个人之中，只有邮差是男性，律师和会计师都是女性。因为遇害的女人之前叫了凶手的名字“约翰”，所以警探汤米一眼就看出了凶手是谁。

6. 凶手是那个给唐先生白酒的年轻人。原来他杀死那个女子后，被唐先生不经意看到了，于是他用铁棒敲晕了唐先生。处理完现场后，他在中途某站把唐先生背下了这次列车，然后又登上了下一次去北京的列车，而且坐在和上次车一样的车厢，一样的卧铺里，然后离开，其目的当然是要使唐先生产生错觉，认为自己看到的场面是酒醉所致。

7. 苏菲的丈夫文森是个骗子，他是该观光客轮的一等水手。为了骗取苏菲的2万美元，他使用假名，隐瞒船员身份，同她闪电般地结了婚。在码头上，他同苏菲一起上舷梯时，不用说穿的是便服，以便不暴露身份。二等水手以为上岸的一等水手回来了，怎么也不会想到他是苏菲的新郎。所以在苏菲向他们询问时，说了那样一番话。文森还在船舱的门上贴上了假号码。第二天早晨，打电话把苏菲叫到甲板上并企图杀害她的也是他。

8. 罪犯利用录音机制造了不在现场的假象。罪犯先将住所附近的打桩声用录音机录制下来，然后于案发时间内，在凶杀案现场和老朋友通电话时播放该段录音。

9. 凶手给被害人服用了麻醉剂，并在船上做了手脚使船缓慢进水。这样，在1个多小时后被害人药效尚未完全解除时船沉入水，致使被害人在半清醒的状态下溺死。

10. 开枪的是死者自己。原来，他的第一枪放空了，第二枪则贯穿他的头部并穿过了房门。

11. 乘客用匕首刺死飞行员时，刀尖刺破了橡皮筏的空气管。如果不立即采取补救措施，里面的压缩空气就会跑掉，船就会很快沉没，所以凶手用手指拼死抠住这个洞以防止漏气。这样，他就动不得半步，也就无法拿到罐头了。即便手指松开，迅速拿过罐头，也没有时间把罐头打开，因为这一时间橡皮筏的空气会跑得一干二净。或者是橡皮筏沉了，或者是乘客被饿死，二者必居其一。

12. 一个人先攀上软梯，另一个人待水齐到颈部时开始向上攀。上攀的速度与水涨的速度相等，使水的高度始终在人的颈部。借助水的浮力，软梯就可以负担两个人的重量了。

13. 乘警赶到海顿先生的包厢时，海顿先生手中的雪茄还点着，且雪茄上留着一段长长的烟灰，乘警据此判断，几分钟前海顿先生是在抽雪茄，而不可能是像女人说的那样，把她强行拉进包厢并企图强奸她。

14. 摩恩探长从毒针联想到火炉上的水壶，有人用软木塞堵住水壶嘴，并把毒针插到软木塞上，水开了以后，蒸汽把软木塞推出来，毒针便带着软木塞一起刺中了教授。而这一切只有秘书才有机会做到。

15. 罪犯不可能分身，却可以间接地与鲁彭通电话。其实问题就出在罪犯家里，能够做到让罪犯接电话的条件就是罪犯家有两台不同号码的电话。鲁彭挂电话时，罪犯的妻子会立即使用另一台电话呼叫罪犯。随后，他妻子就把这两部电话的受话器和送话器相对靠在一起，这样就能制造罪犯在家接电话的假象了。

16. 卡特拆下仓库天窗的两根铁栅栏后，从那里潜入盗走了箱子，然后他在天窗处再多放几只大蜘蛛。蜘蛛便有足够的时间在凌晨织上网，因此即使铁栅栏缺了两根，仓库仍好像处于密封状态。

17. 这个女诈骗犯非常谨慎，在自己的指纹部分也涂上了透明的指甲油，所以没有留下指纹。

18. 插上插头，电风扇就开始转动，而且夏季的夜晚又闷热难耐，因此电风扇是不可能不开着的，而现场的电风扇插头却没有插上，这说明书桌上的遗书是被人后来放上去的，否则就会被风吹掉。当时的情景很可能是被射杀的威尔斯倒地时碰到了电源线，插头从插座中脱落，电风扇停止转动，然后凶手将假遗书放到桌上。

19. 歹徒就是之前的出租车司机，女子是他的共犯。女子上车后把钱交给司机（即歹徒），而自己则起到扰乱警方视线的作用。

20. 凶手就是通过那块破碎的玻璃处入室作案的，凶手在枪击了遇害者之后，将手枪上的指纹擦去，再将手枪扔到遇害者旁边，然后在玻璃处放几只大蜘蛛，并从此处逃走造成自杀的假象。

21. 杰克事先将毒素藏在冰块中，待冰块融化后，毒素便融于酒中。

22. 阿尔文装成聋哑人士，示意女歹徒把她说的话写下来，如果她写了，就成了证实她自己有罪的证据，如果她聪明的话，就会明白遇到了高人，不会再纠缠而应赶快逃跑。

23. 有电流通过的线路都能引起短路，引发事故。嫌犯在老人的电话机上安放了一个能使电话线短路的装置，然后，他让老人吃下安眠药，在老人熟睡之后，打开煤气灶开关，让煤气跑出来，然后他再去饭店，当他预计老人房间已经充满煤气时，就在饭店打电话到老人家，这时电话机通过电流遇到电话线短路，引出火花，引起爆炸，因为即便是停电的时候，电话线仍然有电。

24. 凶器是用冰做的短刀，凶手为了不使冰融化，将其放入暖水瓶里，再往暖水瓶里装入干冰，然后事先将其带进桑拿房，待她空手进去后，趁对方不备，突然行刺。由于桑拿房的温度很高，冰做的短刀和干冰很快便融化得一干二净了。

25. 克雷蒙用的是攻心计，他利用波顿的贪心，让波顿以为他还要再继续埋45个金币，而波顿为了得到更多的金币，所以把坛子又埋回了院中。

26. 凶手作案后，在桌子上钉一根钉子，然后在钉子上系一根细绳，一直通到换气窗。他出去锁好门后，从换气窗外将钥匙放进来，再用力将钉子和细绳拉回就制造了现场的谜案。

27. 小偷在杰瑞的车前放上一块“违章停车”的告示牌，就可以光明正大地用拖车将车“拖”走了。

28. 警卫忘记了钻石是世界上最坚硬的物质，小偷只要用钻石就可以划开玻璃，轻松逃走。

29. 凶手是丈夫别克。理由：死者是因为在5点钟被动物的骚乱吵醒而去的现场，但是她口袋里的纸条却有意说明她在跟别人约会，显然纸条是别人伪造的，意在使人误会凶手是死者的情人利斯，而会这么干的只可能是别克，当他发现自己深爱的妻子竟然背着自己和自己的朋友亲密来往，当然不会放过他们。

30. 寒冷的天气里，室内温暖，冰霜都是结在室内玻璃上的，户外玻璃上是不可能结厚厚的冰的，可见波尔是在编造谎言。

31. 遥控飞机。

32. 因为露丝和卡罗喝的都是冰镇饮料，有水露，不可能留下清晰的指纹，而刘易斯喝的是白开水，所以会留下清晰的指纹。但刘易斯的指纹被他自己擦掉了。

33. 可能是晚上9点，M杀死女画家，然后情妇利用大厅的公共电话，使用免提功能打通了死者家里的电话，而M也用免提功能接通了死者家中的电话，之后他回到自己住的酒店，又马上用酒店的电话拨打死者家里的电话，所以死者家中的电话一直处于通话状态，然后情妇挂断了电话，死者家中的电话也就处于正常状态了。

34. 伯顿夫人的话有很大的破绽。因为康纳德一进屋子里，就觉得很暖和，而室外很冷，如果按照伯顿夫人的说法，歹徒打开窗户至少有45分钟，那么房间内是不可能如此暖和的，应该是在康纳德来之前不久，伯顿夫人才亲自打开窗户的。

35. 钻石被烧成了灰，保险柜里的那一小堆灰就是他们要偷窃的钻石。钻石是地球上最坚硬的物质，其成分是纯晶体的碳。但是如果温度超过850℃钻石就会被烧毁。氧气切割机的火焰温度高达2000℃，所以用如此高温的切割机去切割小小的保险柜的门时，保险柜中的钻石便会被烧毁。

36. 珍妮用的是调包计。她把珠宝藏在布莱恩夫人的衣箱内，因为她断定警方不会想到去检查受害人的衣物。等到列车靠站后，珍妮便用事先准备好的那只一模一样的衣箱调换了布莱恩夫人的衣箱，于是珠宝便到手了。

37. 眼角膜损伤是跳水运动员的职业病。这种情况下，即使戴上眼镜，运动员的视力也会很差，根本不可能看到50米外罪犯的特征，更别说是在夜里。显然，这个退役的运动员是在撒谎，而撒谎的目的就是掩盖自己的罪行并嫁祸于王某。

38. 凶手是钟点工。富翁的胃部被刀划得乱七八糟，说明凶手很可能是在他的胃里寻找什么。根据富翁“很吝啬”，且家里被洗劫一空的情况来看，最有可能的情况是富翁在遇害前慌忙地将保险柜的钥匙吞进了肚子里。而如果是前妻所为，那么“前妻的父亲就是因为富翁舍不得花钱救治而死”就不可能成为事实了，她应该在自己父亲没死之前就做这件事，所以说明前妻不是凶手，凶手是钟点工。

39. 表快了1小时证明科鲁兹是11点摔下楼梯的，而并非12点，侄子不在场的证明因此就没有了，显然是侄子把表调快了1个小时，蓄意谋杀了他的伯父。

40. 杀手是利用地段的U形，从车尾向车头射击的。

41. 凶手利用死者的身份特点，故意在门外制造奇怪的动静，趁着记者从锁孔里偷窥之时，迅速将毒针刺进他的眼睛，从而完成谋杀。

42. 女主人的情人在冰激凌里放入了干冰，干冰挥发后，形成了二氧化碳气体，才导致了女主人窒息死亡。

43. 是雷达。因为箱子是铝合金做的，所以雷达基地发射的超短波碰到箱子后，会反射回来，并显示在雷达的屏幕上。

44. 自行车是靠后轮推动的，孩子们在自行车前轮下面绑上旱冰鞋，就能把车子给“骑”走了。

45. 凶手趁音乐家出门时，偷偷潜入家中，在火药中掺入氨溶液和碘

的混合物。氨溶液和碘混合放在火药里，在湿的状态下是安全无害的，但干燥后就很敏感，即使是高音量的震动也会引发爆炸，凶手就是利用这一点引发爆炸的。

46. 凶手只开了一枪，空姐也只中了一枪。只不过凶手开枪时，被害者正背对窗子弯腰，子弹射穿了她的大腿后进入胸部，所以表面上看好像是中了两枪。

47. 亚当斯制订的阅读计划是，每天只读一行《圣经》，那么要想读完整本《圣经》几乎需要几百年，只要一天没读完，亚当斯就不用被处以死刑了。

48. 拉姆的看法是对的。老人是利用了干冰的特性。之前，他在箱子里放了一块干冰，干冰非常坚硬，可以让老人当凳子用。但由于汽化作用，干冰很快便消失得无影无踪了，当老人的尸体被发现时，箱子就空空地倒在了一边，制造了“他杀”的假象。

49. 存放杂物的储存室的壁板墙，全是从里侧用钉子钉上去的。其中两三张壁板是用强力胶粘上去的。罪犯把这几张壁板取下来，走出房间后再把壁板涂上强力胶，粘到原来的位置上。壁板上仍留有铁钉帽，这样就完成了密室杀人。

50. 罪犯早就将炸弹准备好了，这颗炸弹就装在高尔夫球里。当戈迪挥杆的时候，高尔夫球就发生了爆炸，将戈迪炸死。这也是现场为什么只有高尔夫球杆，而没有球的原因。

51. 根据恐怖电话可以得知，飞机只要在海拔2000米以上的机场降落，就是安全的。机长改变航向，将飞机带到位于高原上的机场降落，

所以炸弹就不会爆炸了。

52. 这个案件的重点在于“尸体上有奇怪的褶皱的压痕”，这说明尸体被什么挤压过，因为尸体的腐烂主要是因为空气中的细菌，所以真相应该是，艾瑞克在出差前就已经将玛丽杀害，由于家中没有空调，为了减缓尸体腐烂，他用真空袋把玛丽的尸体装起来，然后将空气抽掉，这样他就能制造自己不在现场的证明了，这也就是为什么尸体上会有奇怪褶皱的压痕的原因。

53. 其实有两辆车并排在公路上行驶，只不过两辆车都只亮着一盏灯。对方早就预料到情报员会向旁边闪躲，所以安排了这个万无一失的假局。在灯光的照射下，情报员看不到真相，就中计了。

54. 死者朋友的门开在悬崖边，门是向外开的。死者好不容易爬上来敲门，朋友一开门就把他推倒，之后可能他又重新爬上来敲门，但几次三番，最终死者可能实在爬不动了，被朋友向悬崖外开的门撞到悬崖下了。

55. 罗伯特先把桌子的一条腿射断，桌子倒了，桌上的瓶子当然全部不能自保了。

56. 这两个间谍利用的是浴室里的镜子。淋浴的时候镜子上会笼罩上一层雾气，两个间谍在上面写字，等雾气散去，字迹就不见了，从而就可以掩盖他们交换情报的事实了。

57. 在夜里利用冰箱里的灯，通过开关冰箱门，发出断断续续的灯光求救信号。

58. 其实线索在原文就已经给出了，堂姐先进屋察看，她是帮凶，是她反锁的门。所以凶手是堂姐和她的未婚夫。当富家女和外科医生进入别墅后，医生便杀了她，用防水布包着，放进大篮子里。因为被害者很娇小，重量轻，不易被发觉。

59. 其实女人之前一直在跟自己的朋友通电话，当她听到门外的动静时，对电话中的朋友说了一句“请稍候”，随后才提高嗓音问门外的惯犯，但惯犯却误以为女人的这两句话都是对自己说的。所以进去之后直接行凶，并未注意到小桌子上的电话处于通话状态。电话那端的朋友听见之后女人和惯犯之间的对话和发出的异常声响，于是报了警。

参考文献

[1] 黄青翔.500个侦探推理游戏[M]. 北京：华侨出版社，2010.11.

[2] 郑永安.小推理大思维[M].呼和浩特：远方出版社，2009.11.

[3] 黎娜.哈佛给学生做的1500个思维游戏[M]. 北京：华文出版社，2009.9.